L'ÉTÉ
A
AIX EN SAVOIE

EN VENTE CHEZ LE MÊME LIBRAIRE,

A VICHY, A AIX ET AU MONT-DORE.

OUVRAGES DE H. AUDIFFRED :

Un Mois à Vichy, GUIDE PITTORESQUE ET MÉDICAL indispensable aux artistes et aux gens du monde, orné de six lithographies par DEROY, d'après E. RAFFORT, suivi d'un indicateur général des hôtels, de leur prix, des maisons garnies, des moyens de transport, du prix des eaux, etc. — Troisième édition. Prix : 3 fr. 50 c.

Quinze Jours au Mont-Dore, SOUVENIR DE VOYAGE, illustré par THÉNOT, avec carte ; Guide dans le même genre. — Prix : 3 fr

---

Pour paraître incessamment :

UNE SAISON A NÉRIS.

TYPOGRAPHIE HENNUYER, RUE DU BOULEVARD, 7. BATIGNOLLES.

L'ÉTÉ

A

AIX EN SAVOIE

NOUVEAU GUIDE

PARTIE PITTORESQUE

PAR

HYACINTHE AUDIFFRED,

Auteur d'Un Mois à Vichy ; Quinze Jours au Mont-Dore, etc.

NOUVELLE ÉDITION.

PARIS
AUGUSTE FONTAINE, LIBRAIRE,
35, PASSAGE DES PANORAMAS.

INTRODUCTION.

Depuis que les médecins, éclairés par l'expérience sur l'efficacité des eaux minérales, n'y envoient plus seulement les malades dont ils veulent se débarrasser poliment, mais bien ceux qu'ils tiennent à guérir; depuis, surtout, qu'on y retrouve la bonne société et les plaisirs qui papillonnent autour d'elle, le goût pour les Eaux s'est considérablement développé. Le monde élégant, rivalisant d'ardeur avec les malades, s'est épris d'une belle passion pour ce genre de distraction, qui réunit l'utile à l'agréable. Vers le milieu du mois de mai, c'est un sauve-qui-peut général, l'émigration commence, pour ne s'arrêter qu'à la fin d'août. « Où irons-nous, cette année, mon cher? à Vichy?

— J'y étais l'année passée.

— Au Mont-Dore, peut-être?

— Si nous nous installions pour un mois à Enghien?

— Fi donc! c'est trop près.

— Eh bien! allons à Tœplitz.

— Ah! c'est trop loin.

— Je vous croyais, pourtant, un peu diplomate.

— Pas le moins du monde; je n'ai jamais fait de politique qu'avec les femmes.

— Et vous avez été...

— Toujours battu. Ne me parlez pas de ces Talleyrands en jupons; aussi ai-je renoncé au métier.

— En vérité, je vous plains sincèrement.

— Eh bien! alors, allons à Bade.

— Y pensez-vous? C'est devenu d'une banalité!...

— Oh! mais, j'ai votre affaire; vous voulez aller à des Eaux où l'on se guérit tout en s'amusant?

— Précisément.

— Alors, allons à Aix en Savoie.

— Touchez là, je suis à vous. »

L'ÉTÉ
A AIX EN SAVOIE.

DE PARIS A AIX.

Si tous les chemins mènent à Rome, il n'en est pas de même d'Aix en Savoie ; nous devons donc signaler ceux qui peuvent être adoptés de préférence par nos lecteurs, à leur départ de Paris.

Le premier que nous recommandons aux gens pressés dont les minutes sont comptées est celui du chemin de fer de Lyon, qui, s'embranchant à Mâcon sur la ligne de Genève, se relie à Culoz au chemin sarde Victor-Emmanuel.

Le trajet se fait ainsi de Paris à Aix directement en quatorze heures à peine par les trains express.

Mais les voyageurs qui aiment assez prendre le chemin des écoliers descendent de Châlon à Lyon, soit par la voie ferrée, soit par la Saône, à travers la double ceinture de prairies et de coteaux que la gracieuse rivière déroule en souriant à leurs yeux. Notre choix tomba sur ce dernier itinéraire, qui permet de saluer en passant la patrie de Greuze, Tournus, la première cité à l'aspect italien ; puis Mâcon, le berceau de Lamartine.

A partir de Trévoux, le reste du voyage devient une véritable féerie, dont les merveilles nous étaient révélées par les bords accidentés de la Saône, tout parsemés de villas et de parcs tantôt mystérieux, tantôt se dressant coquettement en amphithéâtre, comme les jardins de Sémiramis. Aux Folies-Guillot succédèrent bientôt l'Ile-Barbe, les hauteurs de Serin et de Loyasse, couronnées de forts, puis le rocher historique de Pierre-Scize et Notre-Dame de Fourvières, c'est-à-dire que nous pénétrions dans Lyon par son côté le plus pittoresque.

Bâtie dans une position admirable, au confluent du Rhône et de la Saône, qui viennent marier leurs eaux à Perrache, cette ville, autant par son industrie sans rivale que par ses promenades, ses monuments et ses souvenirs, est pleine d'intérêt pour l'étranger.

Nous visitâmes à la hâte Notre-Dame de Fourvières, la place Bellecour et le Musée, où le mérite des tableaux supplée à la quantité ; car, outre les productions modernes, il renferme un admirable Pérugin, donné par le pape Pie VII, un Albert Durer de la plus belle qualité, et un très-beau Philippe de Champaigne.

Lyon, outre le chemin de fer qui rejoint à Ambérieux la ligne de Genève à Culoz, est encore le point d'intersection de trois voies de communication conduisant également à Aix en Savoie, l'une par Belley, l'autre par le Pont-de-Beauvoisin, et la troisième, par les bateaux à vapeur du haut Rhône, qui est relié au lac du Bourget par le canal de Savière. Notre choix tomba sur la route par Belley.

Le soir donc, après avoir donné un dernier et mélancolique adieu à la place des Terreaux, sur laquelle Cinq-Mars et de Thou périrent victimes de la haine de Richelieu, la voiture, par un beau clair de lune qui nous initiait aux sites du Bugey, nous emportait vers Belley, où nous arrivâmes dans la matinée.

A quelque distance de cette ville, grâce à un caprice du conducteur qui nous fit prendre l'ancienne route, nous passâmes sur le pont d'Andert. Il ne fallait rien moins que le nom de Peytel, qui l'a rendu tristement célèbre, pour croire qu'un crime aussi atroce ait été commis dans cette solitude agreste, égayée alors par le chant matinal des oiseaux.

Mais Peytel, et Balzac, son illustre et malheureux défenseur, mais Belley nous importaient peu, car toutes nos préoccupations étaient tournées vers la Savoie. Ce ne fut pas sans une certaine émotion anxieuse que nous arrivâmes à l'extrême frontière. C'est un sentiment dont on ne peut se défendre, surtout lorsque l'on quitte, pour la première fois, son pays, « mes amours », comme le disait Marie Stuart, cette belle

France bien-aimée, mais certainement trop vantée par ceux de ses enfants qui n'ont pas voyagé. Nous étions à Pierre-Châtel, dont le fort escarpé domine et commande le Rhône, que l'on traverse sur un pont suspendu appartenant en commun à la France et à la Sardaigne, et sur lequel stationnent incessamment, chacune de leur côté, une sentinelle des deux nations.

L'aménité relative des douaniers, autant que l'uniforme des carabiniers royaux établis à la Balme, premier poste des douanes sardes, nous indiquaient suffisamment que nous étions en pays étranger. Rien n'est plus pittoresque que cette entrée en Savoie; car la route, après avoir côtoyé, un instant, le Rhône, dont le lit est profondément encaissé, s'engage dans un véritable labyrinthe de rochers merveilleusement disposés pour quelques bravi italiens. Malheureusement pour les amateurs d'incidents dramatiques, la Savoie laisse volontiers à la Calabre le monopole des Fra-Diavolo et autres bandits illustrés par les opéras comiques d'Auber et de Caraffa. Au lieu d'une surprise de ce genre qui nous eût été d'autant plus agréable qu'elle est plus rare, nous en eûmes une autre beaucoup plus rassurante, ce fut la rencontre d'une silencieuse patrouille d'infanterie, qui s'acquittait, en conscience, de sa mission.

Un spectacle curieux qui rappelle, à certains égards,

celui dont on jouit depuis le col de la Faucille, nous était réservé au col du Mont-du-Chat que, par la petite ville d'Yenne, nous atteignîmes après une ascension assez longue ; nous voulons parler du beau bassin de la vallée de Chambéry, bordé de montagnes escarpées et dans lequel s'étalent, comme à plaisir, les beautés gracieuses et terribles de la nature alpestre.

En face, nous apercevions Aix, précédé d'un énorme massif de verdure ; à nos pieds et à une profondeur effrayante, le lac du Bourget, sur lequel nous semblions planer. Cet effet, produit par une illusion d'optique, est des plus saisissants, depuis la route si audacieuse qui côtoie à pic, à une immense hauteur, les bords du lac qu'elle semble braver ; mais calme et tranquille comme toutes les grandes œuvres de la création, il semble peu s'inquiéter de cette rodomontade, et déploie dédaigneusement devant elle son splendide éventail d'azur, dont les derniers plis se dérobent mystérieux derrière les montagnes qui sont au nord.

Au fond de la vallée, à droite, on aperçoit, au milieu de bouquets de verdure, au pied du Mont de Nivolet, Chambéry, dont les toits scintillent au soleil comme les armures d'une troupe de guerriers campés sous les ombrages d'une oasis. A mesure que l'on descend cette ingénieuse route, se repliant en anneaux capricieux, comme ceux d'un gigantesque serpent, la scène change complétement; car, tandis que le lac semble s'éloigner, Aix disparaît, masqué par un mamelon de verdure. Bientôt après avoir dépassé le village du Bourget, on traverse la plaine, et l'on n'aperçoit plus du lac qu'une écharpe irisée qui voltige autour de la rive. On dirait qu'un ruban de l'arc-en-ciel s'est détaché de son trône aérien pour donner un baiser à ces bords embaumés.

LA SAVOIE.

Avec leurs grands sommets, leurs glaces éternelles,
Par un soleil d'été, que les Alpes sont belles !
Tout dans leurs frais vallons sert à nous enchanter ;
La verdure, les eaux, les bois, les fleurs nouvelles.
. . . .

A. GUIRAUD (Le petit Savoyard).

Jetée comme une barrière éternelle entre la France et l'Italie, la Savoie avec ses montagnes gigantesques, ses délicieuses vallées, ses lacs mélancoliques, ses cascades, ses grottes et ses glaciers ensevelis dans le linceul de leurs neiges séculaires, est certainement une des régions les plus bizarres du globe, et n'a rien à envier aux beautés de la Suisse, sa sœur jumelle. A voir toutes ses merveilles fantastiques, il semble que le Créateur ait voulu, dans un sublime caprice, y réunir tout ce que l'imagination délirante de l'artiste ou du poëte peut rêver de plus gracieux et de plus terrible.

Il existe une foule de personnes très-recommandables, des académiciens, des vaudevillistes et même des hommes d'Etat, tous gens d'infiniment d'esprit, qui, ne connaissant la Savoie que par *La Linda di Chamouny,* ou les déclamations démagogiques, s'imaginent que ce pays est très-pauvre et gémit sous l'oppression. Ils auraient bientôt reconnu leur double erreur, s'ils avaient vu cette belle vallée de Chambéry, dont la fertilité égale celle du Dauphiné et de la Limagne, et les prétendus esclaves qui l'habitent, coiffés impunément du bonnet rouge qui scandalise si fort certaine république, ce qui ne les a pas empêchés de refuser la liberté qu'on voulait naguère leur imposer.

Que nos jolies lectrices nous pardonnent de leur faire ici un petit cours d'histoire de la Savoie; si nous nous y intéressons si fort, c'est qu'il y a entre elle et la France une si grande analogie de religion, de langage et de mœurs, qu'en parlant de la Savoie, c'est encore parler de la France, avec laquelle elle s'est souvent intimement unie par des alliances princières.

Sans remonter aux temps antédiluviens, et au risque de passer pour un savant en *us*, nous dirons donc que la Savoie s'appelait autrefois *Sabaudia* ou *Sapaudia,* deux mots latins dérivés de la langue celtique et dont la nébuleuse étymologie a, comme tant d'autres, le privilége d'exercer quelques esprits ingénieux, sans rien apprendre, le plus souvent, de bien positif.

Les Allobroges, habitants de cette contrée, visités par Annibal, 217 ans avant J.-C., passèrent définitivement sous la domination romaine pendant le règne de Néron, qui les annexa à la seconde Narbonnaise. Si, pendant cet état de choses, qui dura jusqu'à la chute de l'empire d'Occident, en 395 de l'ère chrétienne, les Allobroges vécurent dans un état florissant, ils payèrent chèrement leur bonheur momentané. Les Barbares du Nord, les Huns avec Attila, les Vandales et les Bourguignons plongèrent tour à tour, pendant plusieurs siècles, leur malheureux pays dans toutes les horreurs de la guerre et du pillage.

Enfin, la Providence sembla prendre pitié des malheurs de la Savoie, en lui donnant pour maître, en 1010, Humbert aux *blanches mains,* comte de Maurienne, d'où descendent les princes de cette puissante et valeureuse maison de Savoie, qui pendant huit siècles ont régné, d'abord sous le titre de comtes, depuis Thomas Ier, mort en 1223, puis sous celui de ducs, conféré à Amédée VIII, en 1416, par l'empereur Sigismond, et enfin sous celui de rois, depuis Victor Amédée Ier, qui monta sur le trône en 1675, jusqu'au roi actuel Victor Emmanuel, le digne successeur de l'héroïque Charles Albert.

La Savoie, on le sait, fut pendant vingt-deux ans incorporée à la France, sous le nom de département du Mont-Blanc; mais les traités de 1815 la rendirent à Victor Emmanuel V, dont le royaume s'accrut de l'important territoire de l'ancien duché de Gênes. La population, qui lors du dernier recensement était de 564,137 habitants, est aujourd'hui d'environ 600,000. Elle forme actuellement une des divisions militaires du royaume de Sardaigne et se subdivise en sept provinces : Savoie propre, Genevois, Faucigny, Chablais, Haute-Savoie, Maurienne et Tarentaise, qui sont administrées par sept intendants qui relèvent d'un intendant général résidant à Chambéry, avec un gouverneur commandant général de la province.

Les illustrations de tous genres, qui ont jeté tant d'éclat sur ce pays, sont trop nombreuses pour que nous les passions sous silence. Ainsi, indépendamment des princes Pierre de Savoie, dit *le petit Charlemagne*, d'Amédée V, dit *le Grand*, qui après la levée du siége de Rhodes plaça la croix blanche dans les armoiries de sa maison, d'Amédée VI, dit *le Comte vert*, à cause de la couleur de son armure, d'Amédée VIII, fondateur de l'ordre de Saint-Maurice, d'Emmanuel Philibert, surnommé *Tête-de-fer*, et du magnanime Charles Albert, dont la célébrité grandira dans l'histoire comme celle de l'illustre vaincu de Pavie, la Savoie s'enorgueillit encore d'avoir donné le jour à plusieurs autres grands hommes.

Les noms, à jamais célèbres, de saint François de Sales, de Bernard de Menthon, du grammairien Vaugelas, de Ducis, de Berthollet, de Joseph et de Xavier de Maistre, n'ont pas besoin de commentaires. Si on y ajoute ceux de l'abbé de Saint-Réal, de Michaud, des de Buttet, des Costa, de trois papes et des généraux Desaix, Curial, de Boigne, Chastel, de Couz et Pactod, on verra que la Savoie n'a rien à envier, sous ce rapport, aux autres nations.

AIX.

> Aix est un si brillant séjour,
> Tant de variété vous charme et vous captive !
> Aussitôt que de mai les naissantes chaleurs
> Éveillent la nature et ramènent les fleurs,
> De cent pays divers on se presse, on arrive.
>
> Mlle JENNY BERNARD (*Le Luth des Alpes*).

Si la Savoie est un des plus beaux fleurons de la couronne de Sardaigne, Aix est un des plus brillants joyaux du duché de Savoie. De toutes les villes de bains, il en est peu de plus richement dotées, car à l'efficacité de ses eaux merveilleuses, viennent se joindre les attraits d'un beau ciel, avec toutes les séductions bizarres dont la nature s'est montrée si prodigue dans les régions alpestres. Bâti sur le penchant d'une riante colline, dont les dernières ondulations vont expirer au pied du vert coteau de Tresserve, protégé, à l'est, par la chaîne des Bauges, et, l'ouest, par celles de l'Epine et du Mont-du-Chat, entouré de curiosités pittoresques de tous genres,

AIX.

Aix, non-seulement rivalise, sous le rapport topographique, avec la plupart des villes thermales de l'Europe, mais encore les éclipse complétement.

Il n'est pas de baron, si bon chrétien qu'il soit, dont l'origine remonte aussi haut que la sienne, car elle était déjà connue du temps des Romains, grands amateurs d'eaux minérales, ainsi que l'attestent les vestiges d'antiquités qu'on retrouve, non-seulement à Aix, mais encore à Vichy, à Bourbonne, au Mont-Dore et dans les autres établissements du même genre, alors déjà en renom dans les Gaules. Le nom d'Aix, bien que connu au troisième siècle, disparaît momentanément comme tant d'autres, pour ne plus reparaître qu'en l'an 1000, lors de la cession faite par Rodolphe, roi de Bourgogne, du comté de Savoie, à Bérold de Saxe, l'un des descendants de Vitikind et le père d'Humbert *aux blanches mains*.

Ainsi placé, Aix était une belle proie, dont les comtes de Genevois cherchèrent à s'emparer. Ils l'occupèrent momentanément, mais il redevint définitivement la propriété des princes de Savoie qui, après en avoir fait une baronnie, l'érigèrent en marquisat en 1575. A partir de cette époque, l'histoire se tait sur Aix, qui n'a pas porté moins de quatre noms latins, et qui, bien qu'incendié plusieurs fois, n'en est pas moins aujourd'hui l'agréable cité qui se dresse devant le lac du Bourget, dans lequel elle voudrait bien se mirer, la coquette !

Si quelque voyageur assez osé, fût-il un Mungo-Park ou un Jacquemond, se hasardait, ce qui n'arrivera certainement jamais, à visiter Aix pendant l'hiver, il y jouirait du singulier spectacle d'une ville endormie dans la neige, et dont les rues, les places, les fontaines et les 4,000 habitants semblent plongés dans le silence du tombeau. Tout est immobile, tout se tait comme dans une nécropole; mais heureusement ce sommeil n'est point la mort, ce n'est qu'une léthargie bienfaisante qui se dissipe aux premières lueurs du soleil du printemps. Sous ses rayons vivifiants, les neiges se fondent en folles cascades; avec les bruyères et les gazons reparaissent les oiseaux et leurs chants d'amour; les persiennes des hôtels se rouvrent gaiement, et la Naïade verse d'inépuisables larmes de bonheur et de joie en voyant revenir, avec les lilas et les roses de mai, le premier malade qui implore son secours. Alors la saison recommence, pour ne finir qu'avec les brouillards d'octobre ; elle revient avec ses cures merveilleuses, ses plaisirs, ses incidents, ses drames et ses petites chroniques. Aussi arrive-t-on à ce curieux pèlerinage de tous les points de l'Europe, non pas pieds nus et la bourse vide, Dieu merci; mais dans de confortables voitures et les poches bourrées d'or et de bank-notes. C'est surtout dans les mois de juillet et d'août, où la foule abonde, que les heureux habitants d'Aix emploient, pour faire honneur à leurs hôtes, une foule de combinaisons et de stratagèmes dont ne se serait certes jamais avisé l'esprit inventif de Figaro.

Quoique les Français y soient en majorité, les Italiens y abondent aussi ; mais les Allemands y sont rares. Pas n'est besoin de dire qu'il y a des Anglais, car on en trouve partout, depuis le pic de Peeter-Boot jusqu'au détroit de Behring ; on y voit aussi quelques Chinois... de tous les pays. Cette diversité de nations, de manières et de langages donne aux réunions un cachet exceptionnel, bigarré, dont la piquante variété n'est pas le moindre charme. De ces contrastes peut naître une série d'études dignes des crayons de Goya et de Gavarni.

Le genre de vie qu'on mène à Aix est, à notre avis, ce que devrait être partout la vie des eaux : libre sans licence, simple sans négligence, élégante sans morgue, c'est l'image de la vie de château ; on y est libre de ses actions toute la journée, et pourvu qu'on paraisse au dîner et le soir au salon, on ne vous en demande pas davantage.

Pour les baigneurs, les jours semblent atteindre, à Aix, la longueur des journées presque sans nuit que l'on remarque en Russie et dans les régions les plus rapprochées du pôle. Ce phénomène trouvera plus tard, et tout naturellement, son explication. Essayons, en attendant, d'esquisser ici l'emploi de cette période de vingt-deux heures.

Et d'abord, qu'on le sache bien, pour les malades, le moment le plus chaud de la journée n'est pas, comme on serait naïvement tenté de le croire, de deux à quatre heures de l'après-midi, mais bien de deux à neuf heures du matin. Ceci, pour être plaisant, n'en est pas moins très-vrai et ne passera certainement pas pour un paradoxe, quand on saura que le service des bains et des douches commence dès deux heures du matin et que l'on connaîtra la chaleur vésuvienne qui y règne.

Tout l'essaim de baigneurs et de baigneuses, transportés à bras dans des fauteuils mystérieusement voilés, comme s'il s'agissait de quelques sultanes favorites sorties du harem, a disparu à neuf heures. Mais, rassurez-vous, ces chrysalides sortiront bientôt de leurs enveloppes sous mille formes différentes, en élégants cavaliers, en douairières, en vieux muscadins, en séduisantes polkeuses, papillons blancs, bruns ou roses, dont les variétés feraient le désespoir de tous les Linnées du monde.

A dix heures, un carillon général, qui laisse bien

loin derrière lui celui de Dunkerque, en rappelant les baigneurs attardés et les buveurs de la fontaine de Marlioz, annonce que le déjeuner est servi. C'est un ambigu auquel on prend une part active, en négligé ou plus souvent en toilette de promenade; car la promenade est une des préoccupations les plus générales, à moins qu'on ne préfère aller au Casino, lire les journaux, y faire ou entendre la musique, ou y tenter les faveurs capricieuses de dame Fortune.

Mais réservons ces distractions pour quelques jours nébuleux : aujourd'hui le temps est si beau, le ciel si pur, qu'il faut en profiter : à demain les autres plaisirs. Où irons-nous? à Hautecombe, à Bordeaux, à la cascade de Grésy, aux Charmettes? Voilà ce que se disent gaiement nos touristes en descendant vers la grande place d'Aix, vaste rectangle peu régulier, où stationnent, à la plus grande joie des oisifs, ânes, guides, bateliers et voitures. Aussi les brillantes offres de service viennent vous y assaillir de toutes parts, c'est un véritable déluge. — Madame, prenez cette petite calèche découverte, la marquise F... n'en voulait pas d'autres l'an passé; elle est très-douce; milord W... voulait me l'acheter à toute force. — Monsieur, voyez mon petit âne, comme il est gentil et vif; il a gagné le premier prix aux courses de la

Pentecôte ; c'est un fin coursier, une vraie gazelle, quoi ! et de pure race beaunoise encore. — Messieurs, pour le lac ; aujourd'hui, il est doux et tranquille comme un mouton. Entouré de tous ces guides, de cette myriade d'ânes, dont l'air belliqueux eût fait trémousser d'aise le sensible Sancho, au milieu de ce feu croisé de propositions séduisantes, qui vous excitent comme l'aiguillon enflammé des banderilleros, votre choix est bientôt fait. — Aussi, en moins d'une demi-heure, la place est vide, les joyeux escadrons, les chasseurs et même les paisibles pêcheurs ont disparu ; tout le monde est parti pour ne rentrer qu'au moment du dîner. Quand nous disons tout le monde, nous nous trompons, car il reste bien toujours quelques-uns des fidèles habitués du cafetier Jacotot, qu'à sa singulière figure semi-narquoise, on serait tenté de prendre pour le Sosie de ce pauvre Alcide Tousez. A la vue de cet intéressant bipède, illustré par Alexandre Dumas, et tiré à cent mille exemplaires, on comprend l'orgueil de Jacotot, s'écriant au milieu de ses lauriers roses et de ses grenadiers en fleurs :

« L'amitié d'un grand homme est un bienfait des Dieux. »

Cependant, l'heure du dîner, en ramenant au bercail toutes ces charmantes brebis égarées, leur permet de réparer leurs forces pour les plaisirs de la soirée.

C'est une tâche d'autant plus facile à remplir que l'appétit, singulièrement aiguisé, trouve une ample satisfaction dans les truites et surtout les lavarets, ce précieux produit du lac, qui s'étalent sous toutes les formes, à vos regards. Le festin serait, en tous points, digne de Lucullus; Brillat-Savarin lui-même n'y trouverait rien à redire, n'était le malheureux vin du crû, liqueur noire, sans bouquet et sans goût, qui fait soupirer les gourmets après le bourgogne et le bordeaux. Mais n'aurait-on pas mauvaise grâce de se montrer difficile sur ce chapitre, dans un pays où l'on est venu prendre les eaux? Aussi la bonne humeur des convives ne se dément-elle pas, et la retrouve-t-on tout entière, à la promenade ou au Casino, aux accents irrésistibles de l'orchestre. Il ne peut en être autrement, car au charme de la musique viennent se joindre toutes les séductions, toutes les innocentes coquetteries de femmes rayonnantes de jeunesse et de beauté, anges divins dont la piquante conversation, autant que les doux sourires, viennent poétiser, par un rêve d'amour, la fin de cette grande journée de vingt-deux heures, qu'alors on trouve encore trop courte.

ÉTABLISSEMENT ROYAL DES BAINS.

L'antique efficacité des eaux d'Aix, leur célébrité toujours croissante, imposaient au gouvernement Sarde des obligations qu'il a largement et royalement accomplies. Depuis l'invasion des Barbares, qui détruisirent les belles constructions élevées par les Romains, et pendant tout le moyen âge, les eaux d'Aix étaient administrées dans une simple grotte où les rares malades des deux sexes étaient séparés par une muraille. Henri IV vint s'y baigner avec sa cour en 1600.

Ce fâcheux état de choses dura jusqu'en 1780, époque à laquelle le roi Victor Amédée III chargea un habile ingénieur, le comte Nicolis de Robilan, de construire, sur une partie des anciens thermes romains, le grand édifice qui porte aujourd'hui le nom d'Établissement royal.

Ce monument, terminé en 1783, est situé dans la partie haute de la ville, à l'endroit où jaillit l'eau de soufre ; il gagnerait certainement beaucoup en élégance si on le dégageait des vieilles maisons qui l'entourent. Sa façade est ornée de quatre colonnes d'ordre ionique, surmontées d'un fronton, au milieu duquel brille, couronnée d'attributs, la croix blanche de Savoie sur son champ de gueules. Au milieu est placé le buste du roi actuel, sous lequel on lit une inscription latine, qui rappelle les travaux exécutés par le roi Victor-Amédée III, de 1780 à 1783.

Aujourd'hui, cet établissement, reconnu depuis longtemps déjà insuffisant par suite de l'accroissement continuel des baigneurs, se trouve relégué au second plan.

On vient de bâtir en avant de son ancienne façade un nouveau monument, de proportions plus grandioses, dans lequel les malades trouveront un aménagement plus confortable, et un plus heureux choix de distributions qui répondront mieux aux nécessités du service.

C'est un vaste parallélogramme dont l'aspect extérieur, un peu sévère, ne manque cependant pas d'élégance. Il est dû aux plans de M. François, ingénieur français, et de M. Pelligrini, l'habile architecte du Casino. La dépense totale de ces travaux a été fixée à 900,000 francs par une loi du Parlement sarde, adoptée le 7 juin 1856.

Le péristyle de l'ancien établissement, masqué par

le nouveau, fait face à une petite cour en fer à cheval, où se trouvent des cabinets de bains. Derrière cette cour, qui fait partie de la division Centrale, jaillissent de tous côtés les sources d'alun et de soufre qui, pour vous guérir, prennent les mille formes de Protée : bains, douches de tous genres, douches générales, locales, écossaises, ascendantes, verticales et de vapeur; il n'y a vraiment que l'embarras du choix.

Laissons les bains ordinaires, alimentés par des filets d'eau d'alun, de soufre et d'eau ordinaire, comme trop prosaïques, et descendons ensemble, si vous le voulez bien, dans le domaine brûlant de la douche d'Enfer; quand nous disons brûlant, ce n'est point une hyperbole, car on se ferait difficilement une idée de la chaleur qui y règne. Madame de Sévigné, qui disait des douches anodines de Vichy que c'était une assez bonne répétition du purgatoire, aurait jeté les hauts cris en entrant dans ces cabinets humides et sombres, éclairés par la pâle lueur d'une lampe, et d'où s'exhale une odeur très-prononcée de soufre. Vous vous y croiriez sous l'empire de quelque cauchemar, si la main intelligente du doucheur ne venait vous rappeler au sentiment de la réalité. Mais bientôt une chaise à porteurs, hermétiquement fermée, vous transporte dans votre lit, où la transpiration et une douce somnolence vous bercent agréablement de ces rêves délicieux produits par l'opium ou le hatchis des Orientaux.

Si la température des piscines est moins élevée, la physionomie en est plus amusante. Celle des hommes est, au moins, aussi bruyante que celle des dames, ce qui n'est pas peu dire. Voyez et écoutez : « Une, deux, trois! Piquez une tête! En avant! Convoi direct pour Saint-Cloud! Grimpez à la corde! » Ne croirait-on pas, à toutes ces exclamations, se trouver en pleine Seine, à l'école Deligny? Il n'en est rien, cependant, car tous ces exercices de natation et de gymnastique, tous ces cris entremêlés d'éclats de rire et de sauts de carpe, s'entre-choquent dans un grand parallélogramme aux voûtes rougeâtres, éclairé par le haut; c'est la piscine des hommes.

A la piscine des dames, où l'onde salutaire reçoit dans un élégant bassin ovale leurs membres délicats chastement voilés, les exercices sont moins excentriques; mais, en revanche, la conversation n'y languit pas, et Dieu sait tous les contes, toutes les aventures et toutes les petites chroniques scandaleuses qui s'y sont débités; un Tallemant des Réaux n'y suffirait pas.

Les eaux d'Alun, ainsi nommées par pur caprice, et celles de soufre, qui ont une température moyenne de 34 à 37 degrés centigrades, sont prises en boisson, dans les salles des Pas-Perdus de la division Centrale, où sont ménagées deux fontaines.

On pense généralement qu'elles descendent des montagnes des Bauges, d'où elles jaillissent à Aix, d'un rocher qui, surplombant l'emplacement occupé par les bains, leur donne une force motrice naturelle qui est habilement ménagée par les médecins, dans leur mode d'administration. Les personnes qui veulent étudier l'origine et les différences de ces deux sources peuvent visiter la grotte des Serpents, ainsi appelée à cause des reptiles que la chaleur y attirait jadis, et le puits d'Enfer, qui est voisin de cette grotte.

L'intendant général du duché de Savoie est le chef de l'administration de l'établissement royal des bains d'Aix ; il a délégué à une Commission administrative de sept membres, ses attributions qui s'étendent sur tout le régime économique.

Le médecin des eaux est de nomination royale et porte le titre de Médecin-Inspecteur de l'établissement royal des bains; ses fonctions sont les mêmes que celles des médecins inspecteurs des eaux de France ; c'est lui qui est spécialement chargé de l'application sanitaire des eaux, de la police de l'établissement ; il reçoit les plaintes des malades relativement au service des employés, qui sont examinés et dressés par lui; enfin, il fait, tous les ans, au gouvernement un rapport sur la situation de l'établissement et sur les améliorations à y introduire.

Ces hautes fonctions, honorablement remplies pendant de longues années par M. le baron Despine père, nommé inspecteur émérite, le sont actuellement par M. le docteur Despine fils.

C'est à ce dernier qu'est due la récente création du musée pathologique dans l'établissement même. Ce musée, unique dans son genre, reproduit en cire coloriée les principaux cas de maladies graves traitées avec succès ou guéries radicalement par l'emploi des eaux. M. Despine, en créant ce musée, a eu en vue d'encourager les malades, et de fournir aux médecins étrangers l'occasion de mieux observer l'efficacité du traitement suivi à Aix. Ces sortes de tablettes votives, imitées de celles que l'on dressait jadis dans les temples grecs, qui initièrent Hippocrate aux mystères de son art, offrent un véritable intérêt.

Indépendamment du médecin-inspecteur, plusieurs autres employés complètent le personnel de l'établissement. Ce sont un économe, un contrôleur, trois huissiers, un concierge, puis une véritable cohorte de doucheurs, doucheuses, sécheurs, sécheuses, de coureurs et postillons.

LE CASINO.

Si l'établissement des bains est indispensable à Aix, le Casino ne l'est pas moins. Ceci n'est point une exagération pour qui sait que chaque année, au retour de l'été, une foule voltigeante d'aspirants malades, affectés de rhumatismes fabuleux, vient s'abattre sur les cités thermales renommées par leurs plaisirs. Heureuses et trois fois heureuses donc celles qui réunissent ces avantages ! car elles peuvent réaliser des rêves de fortune tellement extravagants, qu'ils laissent bien loin derrière eux les quaternes à la loterie, la Californie et ses lingots d'or. Aujourd'hui, grâce à son Casino, Aix peut s'enorgueillir d'être de ce nombre.

L'ancien château des marquis d'Aix servait naguère encore de cercle ; mais ses voûtes gothiques, ses escaliers écrasés n'étaient plus en harmonie avec le nombre de ses abonnés ; à cette foule brillante il fallait une demeure plus vaste et plus confortable : c'est ce que comprit parfaitement la société formée pour édifier le nouveau monument, qui a été terminé par un Français, M. Bias; un château eût suffi, on éleva un palais.

L'architecte, M. Pellegrini, n'a point sacrifié au mauvais goût du jour; il a laissé de côté, et nous l'en félicitons, les fioritures architectoniques et les colifichets rococos des modernes constructions parisiennes, pour s'en tenir à un style plus simple et plus élégant à la fois. Le Casino, placé dans une position magnifique, d'où s'étalent à l'envi tant de beautés pittoresques et que domine la Dent-du-Chat, est précédé d'une cour d'honneur, dont les abords sont défendus par une grille. La façade se compose d'un principal corps de bâtiment flanqué de deux pavillons, et séparé au milieu par un péristyle qui donne accès dans l'intérieur de l'établissement. Pour apprécier l'excellent parti que l'administration a su en tirer, entrez et jugez : les valets de pied, en riche livrée, et les huissiers qui stationnent dans la salle d'attente vous y introduiront.

En face et tout d'abord, est le salon de musique, harmonieux champ clos, dans lequel viennent lutter, de toute la souplesse des doigts et du gosier, les virtuoses des deux mondes ; puis, se trouve la grande salle de bal, gracieux ovale, tout resplendissant d'or, de girandoles et de splendides tentures, au fond duquel brille, d'un éclat sans pareil, la magnifique glace parisienne, dont la sœur jumelle fut brisée lors du pillage du château de Neuilly.

Les salles de jeux, séparées par un charmant petit salon perse, aux tentures vertes et roses, très-coquettement meublé, occupent l'aile droite, tandis que le cabinet de lecture, des salons d'étude et de conversation et le restaurant se trouvent à l'aile gauche. C'est une heureuse idée que ce restaurant, avec sa table d'hôte à 4 fr., et surtout ses cabinets particuliers. Grâce à cette innovation, aux fins soupers qui s'y donnent, on se croirait transporté à la Maison-Dorée, ce charmant cabaret Pompadour qui fait les délices de nos gentilshommes du sport et des duchesses des bals masqués de l'Opéra.

De la galerie qui règne sur la façade du midi, on descend dans un grand jardin aux pelouses verdoyantes, habilement entrecoupées de massifs d'arbres d'où l'on jouit, le soir, du double plaisir de la vue de la campagne et de l'aspect animé que présente la jolie terrasse du Casino. Elle est alors si agréablement peuplée d'hommes et de femmes, qu'on la prendrait pour une guirlande de fleurs qui enlace galamment l'édifice. En remontant, on trouve à gauche un kiosque servant d'orchestre à une excellente musique militaire qui, deux fois par jour, vous initie aux airs nouveaux de tous les grands maestri.

Il est, le soir, après dîner, un moment vraiment délicieux, lorsque mollement assis au milieu des femmes et des fleurs, savourant sur la terrasse du Casino les bouffées d'un régalia et les flots d'une douce harmonie, vous vous enivrez de l'admirable coup d'œil que Tresserve, la crête du Mont-du-Chat et la vallée de Chambéry viennent varier à l'infini. Le soleil, embrasant de ses derniers rayons les flancs et les sommets des montagnes rougissantes sous ses ardents baisers, inonde leurs prismes de ses flammes capricieuses, dont les tons passent successivement du jaune d'or au pourpre, au violet, puis au gris terne de la nuit. Qui pourrait dépeindre la sublime magnificence de ces effets de lumière, si rapides, si inattendus, qui viennent couronner, l'espace d'un instant, ces falaises antédiluviennes? Toute la magie de la plume de Chateaubriand ou du pinceau de Gudin n'y suffirait pas.

Mais, tandis que perdu dans une admirative contemplation, l'esprit s'égare dans ses poétiques rêveries, le tableau s'est assombri, la nuit a jeté sur la belle vallée son humide manteau parsemé d'étoiles, et les sons de l'orchestre de Simon Lévy, ce digne émule des Strauss et des Musard, vous convient à de nouveaux plaisirs.

Bien qu'il n'y ait officiellement, au Casino, que deux grands bals par semaine, le jeudi et le dimanche, l'ardeur de la danse est telle à Aix, qu'on se croit obligé de danser tous les soirs. Les eaux d'Aix auraient-elles aussi le don de la tarentule ? Peut-être ; mais ce qui est encore plus probable, c'est qu'en présence de cette brillante réunion d'Italiennes si vives, si franchement portées vers le plaisir, d'élégantes Parisiennes et des poétiques jeunes filles de la fière Albion, à moins d'être podagre, goutteux ou paralytique, on se sent pris d'un besoin irrésistible de locomotion. Il y a dans l'air embaumé de cette salle éclairée par des myriades de lumières, un fluide magnétique qui vous excite au plaisir, à la gaieté, à l'amour. Aussi, qui pourrait dire les passions qui y sont écloses, les intrigues qui s'y sont nouées et dénouées de la main droite ou de la main gauche ? Parmi les mille et une nouvelles à la main, dont on se préoccupait beaucoup l'année dernière, nous vous dirons la suivante ; il ne lui a manqué, pour être illustrée, que le concours de l'huissier Baptiste. Mais qu'on se rassure, ce Figaro alsacien est homme à prendre sa revanche ; il est si actif, si discret, si intelligent, il se multiplie tellement, qu'il prouvera une fois plus encore la vanité des proverbes, car ce n'est jamais de lui qu'on pourra dire : *Tranquille comme Baptiste.*

ANTONIA LOVENZI.

*Vous êtes fine, jeune et jolie, et amoureuse..... un peu,
n'est-il pas vrai, madame ? A l'ouvrage ! un coup de filet.*
ALFRED DE MUSSET (*le Chandelier*).

I.

De tous les hôtels qui étalent, sous le beau ciel d'Aix, leurs gentilles persiennes vertes ou grises, il en est peu qui puissent rivaliser avec les hôtels Venat et Guilland. Bosquets mystérieux de verdure et de fleurs, vue admirable sur le lac du Bourget, balcons élégants d'où l'on découvre Hautecombe et Châtillon, tout y semble réuni pour leur donner ce cachet de luxe confortable de l'hôtel des Bergues ou des Trois-Couronnes à Vevey. C'est dans un de ces temples gracieux, toujours envahis pendant la belle saison, qu'était descendue depuis quinze jours une jeune Milanaise, que l'éclat de sa beauté, autant que sa haute naissance et sa grande fortune, faisaient vivement rechercher. C'était une belle proie pour tous les lions sybarites à la crinière parfumée qui se trouvaient aux eaux.

Veuve, à vingt-trois ans, d'un des membres les plus

illustres d'une famille patricienne, tué en combattant glorieusement pour l'indépendance, la comtesse Antonia Lovenzi était devenue naturellement le point de mire de toutes les flatteries et de toutes les ambitions masculines. Sa beauté avait un caractère exceptionnel, car sur ses belles épaules, qui eussent fait rougir de dépit le marbre de Paros, s'étalaient en boucles rutilantes des cheveux roux délicieusement ondés, dont l'école vénitienne nous a légué les types charmants : vous eussiez dit une seconde Adrienne de Cardoville. Jamais femme n'avait peut-être plus heureusement uni à la pureté du galbe, à la divine souplesse de sa taille digne de la Diane chasseresse, une harmonie de mouvements que l'art grec eût enviée dans ses moments d'extase. Aussi la sensation qu'elle avait produite en Italie était si grande, que son nom était dans toutes les bouches.

Antonia n'était point une de ces veuves désolées, encore moins une de ces Arthémises indiennes qui, dans leur désespoir, vont s'immoler sur le bûcher de leurs époux. Soit qu'elle eût peu de prédilection pour ce genre de dévouement, soit qu'elle se sentît instinctivement destinée à de nouvelles félicités conjugales, la comtesse pouvait hardiment être rangée dans la catégorie des veuves très-consolables. Cette supposition acquérait même tous les degrés de la certitude, en présence des aveux très-significatifs qu'elle faisait hautement à cet égard.

. Ces intentions, voltigeant de bouche en bouche, étaient habilement commentées, surtout par les élégants célibataires, espèce de milice en disponibilité, qui, en pareil cas, se montre toujours empressée d'entrer dans le service actif du mariage. Aussi c'était vraiment merveille de voir le plaisir bien naturel avec lequel Antonia recevait les hommages de ces ambitieux soupirants. Il y avait entre eux un véritable assaut de prévenances et de compliments poussés jusqu'à l'excès, auxquels, en charitable fille d'Eve, elle répondait par un feu roulant de coquetteries et de toilettes tellement fabuleuses, qu'elle éclipsa bientôt, par le luxe de ses parures, toutes les autres femmes qui, piquées de leur défaite, ne crurent pas pouvoir mieux se venger qu'en lui donnant le surnom de la *Pomposa!* la Pompeuse! la Magnifique!

Tant de succès avaient bien donné à la belle comtesse des enivrements, des triomphes passagers, chers, sans doute, à son amour-propre de femme ; mais jusque-là son cœur n'y était entré pour rien. Au milieu de tous ces plaisirs, de toutes ces fêtes dont elle était la reine, elle sentait un vide immense. Combien de fois arriva-t-il à la pauvre idole encensée de rentrer chez elle, le soir, triste et ennuyée ! Cependant, c'était un jeu dangereux pour cette nature si riche et si jeune, dont le sang italien connaissait tout le prix de l'amour. Déjà elle sentait une douce préférence pour un officier de Royal-Piémont, le comte Nuvoli, pauvre cadet sans fortune, mais beau, mais brave comme son épée, à la pointe de laquelle il avait conquis tous ses grades. Bien qu'Antonia ne se fût point encore avoué officiellement qu'elle l'aimait, elle éprouvait pourtant, dans le charme de sa conversation, dans la timidité de ses doux aveux, je ne sais quel trouble et quel plaisir secrets qui faisaient tendrement tressaillir son cœur.

Elle était dans cette adorable période où l'amour naissant vous sourit chaste et pur comme l'aurore qui annonce un beau jour, lorsqu'un nouveau convive apparut à l'extrémité de la table d'hôte.

Grâce à la liste des étrangers, et plus encore aux allées et venues d'un grand laquais en mirifique livrée verte et jaune, ornée d'aiguillettes, on sut bientôt que le noble marquis Anténor de Vauchampy, chevalier de l'ordre de l'Eléphant, daignait honorer les eaux d'Aix de sa présence. C'était un grand garçon dont la figure, assez régulière, était encadrée dans un irréprochable collier de favoris noirs. De longues jambes, qui supportaient avec un certain orgueil un torse assez académique, donnaient à penser qu'il appartenait à la famille des grands échassiers. A ce physique passablement original, venaient se joindre un aplomb imperturbable et une démangeaison insurmontable de parler à tout propos de ses chiens, de ses chevaux, de ses terres en Normandie et de ses bois en Bretagne. Une loquacité vide, mais ronflante, une voix de baryton, un répertoire inépuisable de romances et de morceaux italiens, le tout assaisonné d'une américaine avec ses deux poneys, avaient heureusement posé le nouveau venu. C'était, à n'en pas douter, un homme de haute lignée, dont le titre était rappelé à chaque instant de la journée par son laquais, au salon de l'hôtel, au Casino et jusqu'à la douche, où celui-ci venait le demander sous différents prétextes, en faisant sonner bien haut : Monsieur le marquis de Vauchampy !

Une dernière circonstance vint mettre le comble à l'espèce d'engouement dont on s'était pris pour lui. Une caisse envoyée de Paris, par un expéditeur anonyme, arrive un beau jour à notre héros, qui s'empresse de la faire ouvrir, en présence de quelques oisifs de l'hôtel, tout en annonçant qu'il ne comprend rien à cet envoi, qu'il suppose devoir être une mystification ; lorsque, ô surprise ! apparaît dans un splendide cadre sculpté, l'écusson où brillaient les armoiries coloriées du marquis. Elles étaient de gueules au veau d'or, à la face d'argent chargée d'herbes, à la margot en pointe, sur champ d'azur. Celui-ci se récrie en disant qu'il ne sait que faire de çe cadeau, ni où le placer, et, sous ce prétexte, il fait déposer le prétentieux tableau dans le grand salon de l'hôtel où, grâce à certaines devises latines en sautoir et à la science héraldique d'un des assistants, on apprend bientôt que la famille du noble marquis remonte au temps des Croisades.

Cette illustre filiation, qui faisait combattre les aïeux d'Anténor en Terre sainte, ne le mit cependant point en odeur de sainteté auprès de certain personnage de la société, car le lendemain on ne lut pas sans étonnement, et surtout sans force malins commentaires, cette inscription collée à l'un des coins du tableau : *En loterie*. Cet avis charitable était-il l'œuvre d'un mauvais plaisant ou du comte Nuvoli, qui trouvait le marquis beaucoup trop assidu auprès de la belle Antonia? C'est ce qu'on ne put éclaircir. Quoi qu'il en fût, le coup porta juste, car la malencontreuse exhibition disparut le même jour du salon.

II.

Heureux celui qui peut connaître le cœur de l'homme, mais trois fois plus heureux celui qui peut se flatter de connaître cet abîme dangereux, qui s'appelle le cœur de la femme! Depuis le jour de cette ridicule aventure, qui devait tourner au désavantage d'Anténor, la comtesse, chose étrange, battit froid au pauvre officier, qui se désolait de la mauvaise tournure que prenaient ses affaires. En effet, à partir de cette époque, Antonia, par un caprice inconcevable, semblait prendre un malin plaisir à éviter les occasions de se trouver seule avec lui, tandis qu'Anténor était devenu, au contraire, le compagnon indispensable de ses promenades, tant elle se complaisait dans le vulgaire encens de ses compliments, de ses fioritures et de son esprit d'emprunt. Aussi disait-on hautement que la belle veuve allait bientôt échanger sa couronne de comtesse contre celle de marquise. Nuvoli était au désespoir, et d'autant plus affecté qu'Anténor, certain désormais des intentions de la comtesse, affichait hautement son amour pour elle. Il mettait tant d'empressement, tant d'affectation même à la compromettre, en criant sur les toits sa victoire, que sa conduite exaspéra son rival, au dernier degré.

Une querelle, un duel auraient facilement débarrassé Nuvoli de cet ennuyeux personnage; mais le comte avait eu le malheur de tuer en duel, deux ans avant, un ami de collége pour la cause la plus futile, et il avait juré de ne jamais plus se battre. Sous peine d'être parjure à son serment, il en était donc réduit à attendre un changement favorable du hasard ou d'un caprice d'Antonia. Le hasard, un caprice de femme, voilà certes deux bases bien fragiles! mais n'y a-t-il pas un Dieu pour les amoureux?

III.

Il est midi : mollement étendue dans un hamac ombragé par des vernis du Japon et des catalpas en fleurs, dont la voûte verdoyante se découpe vivement sur l'azur du ciel, Antonia, tout en écoutant les joyeuses vocalises des oiseaux, renvoie au zéphyr qui la balance les bouffées odorantes d'un cigarito de la Havane et semble profondément préoccupée. A quoi peut donc penser notre belle indolente? A sa dernière toilette, à son confesseur? Nullement. A son défunt mari, peut-être? Encore moins. A quoi pensez-vous donc, ma charmante? La belle demande, en vérité! A quoi pensent les jeunes filles, les bergères soupirant au milieu des fleurs où s'ébattent doucement les fauvettes, l'élégante dans son boudoir, la lavandière mirant sa gorgerette dans la fontaine? A quoi voulez-vous qu'elles pensent, si ce n'est à l'amour?

C'est aussi à l'amour que pensait la belle Milanaise, ou, si vous aimez mieux, à son amoureux marquis. Mais, soit que l'ombre des arbres projetât sur son visage une teinte de mélancolie, soit qu'un souvenir importun l'assombrît, elle semblait triste en ce moment. Elle l'était en effet, car elle pensait à l'incident qui avait signalé la dernière contredanse qu'elle avait dansée la veille avec Anténor, pendant laquelle un étranger avait salué son élégant cavalier du nom prosaïque de Blagonnet. Un coup d'œil réprobateur avait fait taire le malheureux interlocuteur, avec lequel le marquis s'était éclipsé aussitôt après le quadrille. Etait-ce un sobriquet, une injure ou un nom de guerre? c'est ce que se demandait la comtesse, avec une certaine inquiétude, lorsqu'un domestique lui apporta deux lettres.

L'une, parfumée comme un sachet persan, semblait contenir ces secrets épanchements du cœur dont les femmes sont toujours si friandes; l'autre était enfermée dans une enveloppe gigantesque, qu'à son volume on eût prise pour une dépêche ministérielle. Entre les deux, le choix d'Antonia fut bientôt fait; elle s'empressa d'ouvrir, comme bien on pense, la missive parfumée. Elle était du comte Nuvoli.

« Comtesse, lui disait-il, puisque vous semblez
« prendre un cruel plaisir à m'éviter, pardonnez-moi
« d'user du seul moyen qui me reste, pour vous
« peindre ma douleur et mon désespoir. Est-il besoin
« que je vous parle de mon amour? Vous savez combien
« il est pur et profond. Si je vous eusse moins bien

« connue, j'aurais peut-être pu vaincre cette passion
« qui fait le malheur de ma vie ; mais après ces ten-
« dres aveux, après ces tête-à-tête si heureux, mais
« si courts, hélas ! où vous me découvriez, avec cette
« grâce enchanteresse dont la nature vous a douée,
« tous les charmes et tous les trésors de votre esprit,
« je le sens, un pareil effort m'est impossible. Oh !
« pourquoi m'avoir enivré ainsi du feu de vos regards !
« Pourquoi votre haleine embaumée a-t-elle allumé
« dans tout mon être une flamme que la mort seule
« pourra éteindre !..Oh ! oui, madame, il faut que je
« parte, car vous voir sans vous parler, sans pouvoir
« baiser la trace de vos pas, c'est un supplice pire que
« celui de Tantale. Puisque votre dédain m'y force, il
« ne me reste qu'à mourir ; non point d'une mort
« obscure et vulgaire, mais d'une mort glorieuse, sur
« un champ de bataille, en combattant vaillamment.
« Peut-être, au milieu de vos plaisirs et de vos triom-
« phes, trouverez-vous une larme pour celui qui vous
« aura tant aimée !... »

Ce pauvre Nuvoli m'aimerait-il donc autant qu'il le dit ? pensa la comtesse tout émue, en décachetant d'un air distrait l'autre lettre, qu'elle se mit à lire.

Dire ses exclamations de surprise, ses soubresauts, pendant la lecture de cette lettre, sera chose facile à comprendre, lorsque l'on saura que cette épître, écrite sur un papier vergé jaunâtre, était ainsi conçue :

« Mon cher Polycarpe,

« Enfin, tu as donc trouvé une poulette qui a donné
« dans le panneau, grâce aux armoiries que je t'ai
« fait confectionner dans le dernier chic, par un en-
« trepreneur breveté de généalogies. Cette fantaisie
« de blason nous coûte assez cher, par exemple, un
« billet de mille, rien que ça ; mais bah ! qui veut la
« fin veut les moyens. Si tu avais voulu te contenter
« du titre de comte ou seulement de baron, tu en
« aurais été quitte pour moitié ; le baron, surtout, est
« si peu demandé ! mais, marquis ! excusez du peu,
« c'est différent.

« Je vois décidément que tu as donné dans l'œil de
« la jeune veuve, et que tu ne veux pas t'en tenir aux
« bagatelles de la porte ; il nous faut du solide et du
« légitime. J'avoue que le stratagème est un peu
« hasardé ; mais l'amour, qui m'a fait faire tant de fo-
« lies pour Paméla, et surtout cent mille francs de
« rentes font commettre bien des..... inconséquen-
« ces. Tâche seulement de brusquer le plus possible
« le dénoûment et, surtout, de palper une partie de
« la dot, pour fin août, car si nous ne pouvions
« faire face à cette échéance, il faudrait suspendre ;
« il est vrai que ce ne serait que pour la cinquième

« fois, mais c'est toujours désagréable. Du reste, je
« m'en rapporte à toi, car tu sais que cette alliance,
« outre le positif, nous donnera un certain vernis et
« beaucoup de brillant; c'est ce qu'il nous faut, on
« ne saurait trop en avoir dans notre partie.

« Ton père pour la vie,

« LÉONIDAS BLAGONNET,
« Fabricant de cirage à la vapeur. »

En tête de cette lettre, où l'immoralité le disputait au cynisme d'une manière si odieuse, se pavanait, au milieu de deux écussons à l'effigie d'un principicule allemand, le nom de Blagonnet, breveté. Au dos était cette suscription : A Monsieur le marquis de Vauchampy, à Aix en Savoie.

IV.

Je suis indignement trompée! s'écria la comtesse qui, rugissante comme une tigresse blessée, sauta en bas de son hamac; mais il ne sera pas dit que j'aurai été jouée impunément, moi, l'alliée des Doria, des Alfieri! Non! non! par ma sainte patronne, il n'en sera pas ainsi; je suis femme, je suis Italienne et je me vengerai! Ce disant, elle rentre chez elle, appelle ses gens et leur ordonne d'aller chercher Nuvoli. — « Comte, lui dit-elle, en lui serrant la main, lorsqu'il entra, vous êtes un grand, un noble cœur; pourquoi faut-il que votre silence, votre timidité, me l'aient fait trop longtemps méconnaître ! Plût au Ciel qu'il en eût été autrement, je n'aurais point été la dupe d'un aventurier. — De qui voulez-vous parler ? Quel qu'il soit, qu'il craigne ma colère ! s'écrie Nuvoli, chez lequel renaissait un rayon d'espoir... Serait-ce, par hasard, Vauchampy ? — Lui-même, répondit la comtesse, avec un accent de rage concentrée. — Quoi ! il se pourrait ? mon rival, cet homme que j'ai toujours instinctivement détesté ! Oh ! reposez-vous sur moi, madame, du soin de votre vengeance. Pour vous je manquerai, il est vrai, à mon serment ; mais que m'importe, à moi ? pour vous posséder, Antonia, je vendrais mon âme à Satan. »

Elle ne lui répondit rien, mais elle lui donna sa belle main à baiser, et elle accompagna cette faveur inespérée d'un de ces regards de femme qui révèlent dans un sourire les joies du ciel ; regards uniques, ineffables, qui donnent du cœur aux faibles et galvanisent les amants.

Ivre de joie et de bonheur, Nuvoli se présente chez Vauchampy, bien décidé à se battre ; mais le noble marquis lui épargna cette peine. Sur un ordre de la police sarde, il avait quitté Aix dans la matinée, laissant à son laquais ébahi le soin de régler ses comptes.

V.

Ceci se passait vers la fin du mois de juillet. Deux mois après, par une belle journée de septembre, une brillante cérémonie attirait la foule dans la cathédrale de Milan ; on y célébrait le mariage du comte Nuvoli avec la belle Antonia Lovenzi.

Par un rapprochement singulier, le même jour et à peu près à la même heure, la Cour d'assises de la Seine condamnait, par défaut, les sieurs Blagonnet père et fils à cinq ans de travaux forcés pour banqueroute frauduleuse.

LES BAINS ROMAINS. — L'ARC DE CAMPANUS. — LE TEMPLE DE DIANE. — L'ÉGLISE. — L'HOPITAL DES PAUVRES ÉTRANGERS. — M. DE LAMARTINE ET RAPHAEL. — LE VIEUX CHATEAU. — LA FONTAINE DE MARLIOZ. — LE GIGOT. — LA TOUR DE M. EUSTACHE. — SAINT-INNOCENT.

Malgré les invasions des Barbares, qui désolèrent l'Allobrogie, dont Aix faisait partie, on peut encore y admirer de précieux restes d'antiquités romaines.

Les principales sont :

Les bains romains ou *vaporarium romain*, que l'on a découverts sous la maison Perrier-Chabert. Le plus important et le mieux conservé est celui qu'on nomme bain de César, dont l'octogone irrégulier, garni de gradins recouverts de marbre blanc, paraît avoir servi de piscine, et surtout de bain de vapeur.

L'arc de Campanus, qui se trouve dans la cour de la maison Charpentier. C'est un monument tumulaire ou votif, qui porte bien son cachet d'antiquité, auquel deux jasmins servent d'odorantes sentinelles. Bien que construit entièrement en pierres ornées d'inscriptions latines, on a pourtant jugé à propos de le faire assurer contre l'incendie; que ne l'a-t-on plutôt fait assurer contre les mutilations du vandalisme moderne? Des diverses inscriptions gravées sur cet édifice, voici la principale placée, sur l'attique :

POMPEIO CAMPANO AVO A PATRE
CAIAE SECUNDIN. AVIAE A PATRE
POMPEIAE MAXIMAE SORORI.
POMPEIO CAMPANO FRATRI.

Le temple de Diane est situé à quelques pas de l'arc de Campanus, entre le château du marquis d'Aix et le jardin du presbytère. Par un contraste assez piquant, ce temple, qui était, dit-on, un monument funéraire érigé par les soins des esclaves et des affranchis de Pompeius Campanus, sert aujourd'hui de théâtre. Il formait, avant la Révolution française, la base d'une tour élevée par les seigneurs d'Aix; mais Dalbitte, commissaire de la Convention en Savoie, ayant fait raser sans distinction tours et clochers, restitua ainsi, sans s'en douter, au monument romain sa physionomie primitive.

L'unique église paroissiale d'Aix, sous le vocable de Sainte-Croix, fut érigée en collégiale, sous le pontificat de Léon X, par les soins de Claude de Seyssel, cet éminent prélat, l'une des gloires de la Savoie, décédé en 1520 archevêque de Turin, auquel Aix s'enorgueillit d'avoir donné le jour. Si, au point de vue de l'art, elle n'a rien de bien remarquable, elle n'en est pas moins intéressante, surtout le dimanche, lorsque paysans et grandes dames s'y pressent agenouillés. Prières naïves du fervent montagnard, mêlées aux supplications de tant de malades venus de si loin ; tout s'unit, tout se confond alors, sous les voûtes de l'humble basilique, pour former un mystérieux concert d'espérance et d'amour qui monte vers l'Eternel. Scène touchante, spectacle émouvant que viennent encore poétiser les rites et les pompes du culte catholique, si florissant dans toute la Savoie !

De la foi à la charité, sa divine sœur, il n'y a qu'un pas : ne nous arrêtons donc pas en si beau chemin, et visitons ensemble l'hôpital des pauvres étrangers.

Cet hospice, fondé en 1829 par un généreux Anglais, M. William Haldimand, contient, en tout, vingt lits pour hommes et femmes. L'honneur de la première pensée d'un établissement de ce genre revient tout entier à la reine Hortense qui, bien avant le don de M. Haldimand, avait voulu consacrer, chaque année, une certaine somme au soulagement des pauvres étrangers. Elle avait pensé, non sans raison, la noble femme, au cœur si tendre, faire ainsi une œuvre pie, en souvenir de la fin tragique de la baronne de Broc, dont elle avait été le témoin et la cause bien innocente. Aussi chargea-t-elle du soin de distribuer ses offrandes les sœurs de charité qui avaient veillé près du corps de sa malheureuse amie.

Aujourd'hui, l'hospice est desservi avec un zèle qu'on retrouve partout, par des sœurs de Saint-Joseph. On voit, dans la niche de l'escalier, un buste de très-beau style d'une duchesse de Savoie, dont la piété des habitants des environs avait fait une image vénérée de la Vierge, à laquelle on attribuait une foule de miracles. La statue dont il faisait partie a été tellement mutilée lors des réparations faites à l'hôpital, que ce buste seul a pu être utilisé. Parmi les donateurs de cet établissement charitable, on trouve en première ligne M. W. Haldimand, principal fondateur, puis le roi Charles-Félix, le marquis Léon Costa, et plusieurs autres personnes de distinction.

En remontant quelque peu la ville, on rencontre une maison qu'à son pourtour soutenu par des colonnes, on serait tenté de prendre pour une habitation d'Orient, si une fontaine jaillissait au milieu de la cour qui la précède. Cette maison est plus qu'une banalité de chaux et de pierres, c'est un souvenir que les années rendront plus précieux encore, car elle a abrité le plus grand poëte de notre époque. — C'est ici le berceau de Raphaël, cette création chastement brûlante, dans laquelle M. de Lamartine, sous un voile transparent, nous a révélé, dans son style magique, toutes les tendresses de son cœur de vingt ans. N'est-ce point assez vous dire que vous êtes devant la demeure du vieux médecin M. Perrier, occupée actuellement par Mme Chabert, sa nièce? Entrez-y; la chambre dont la fenêtre ouvre sur la campagne, la treille, le jardin où Julie se réchauffait aux tièdes rayons du soleil d'automne, sont toujours les mêmes. Voici le bois de châtaigniers où Raphaël aimait à se promener avec son amie. L'illusion serait complète si l'on pouvait encore entendre cette voix si chère, qui résonnait « entre les dents à demi fermées, « comme ces petites lyres de métal que les enfants « des îles de l'Archipel font résonner sous leurs lèvres, « le soir, au bord de la mer. » Mais hélas! la réalité a disparu, et la poésie seule est restée pour l'immortaliser!

Par une coïncidence singulière, ce fut dans cette même maison que M. de Lamartine fit, plus tard, la connaissance de Mlle B..., qui devint sa digne compagne. Aussi a-t-il conservé pour ses anciens hôtes une reconnaissance et une amitié que ni le temps ni les orages de sa vie politique n'ont pu altérer.

Personne à Aix ne saurait bouder le nouveau Casino, et moins que tout autre le propriétaire de l'ancien château, M. le Marquis d'Aix. Car ce remarquable édifice du seizième siècle, dans lequel se trouve enclavé le temple de Diane, sera toujours visité avec empressement, non-seulement par les amateurs de souvenirs historiques, mais encore par les promeneurs, qui trouvent, sous les frais ombrages de son jardin, une agréable et toute gracieuse hospitalité. Nous aimons cette vengeance qui sent le grand seigneur ; un parvenu ne s'en serait jamais avisé.

De toutes les promenades qui pullulent autour de la ville, celle de la fontaine de Marlioz est la plus intéressante, car elle réunit l'utile à l'agréable, puisque les propriétaires, MM. Regaud et de Saint-Quentin, ont eu idée d'entourer les deux sources d'Esculape et d'Adélaïde, qui, grâce à leurs vertus précieuses, sont déjà célèbres, de jolies plantations, de kiosques et de chalets qui rappellent l'aspect rustique de la Suisse. Cette fontaine, si heureusement restaurée, a été inaugurée solennellement au mois de juin 1850, à la grande joie des assistants et surtout des malades, qui y viennent en pèlerinage d'autant plus volontiers, que la route d'Aix à Chambéry y conduit en vingt minutes. Un service d'omnibus spéciaux, se succédant sans interruption, y conduira les malades en cinq minutes.

Depuis la fontaine de Marlioz, on peut, en quelques

instants, aller à *la Roche du Roi* admirer le beau panorama d'Aix et de ses environs.

Pour se rendre à la fontaine Saint-Simon, on passe devant le Gigot, dont le nom, passablement prosaïque, vient de sa conformation, qui figure assez bien un gigot. Autrefois, il y a quelque vingt ans, ses arbres séculaires en avaient fait la promenade à la mode. Mais autres temps, autres mœurs ; à la foule brillante qui s'y pressait, ont succédé quelques rares promeneurs et des amateurs du jeu de boules, si en honneur aux Brotteaux et dans tout le midi de la France.

Après un quart d'heure de marche, on quitte la route de Genève, pour un petit chemin qui est à droite, et en quelques instants on trouve, dans un hémicycle de gazon, la fontaine ferrugineuse de Saint-Simon. M. le docteur Despine, inspecteur des eaux, a fait graver sur la borne-fontaine cette inscription : *Source martiale d'Hygie.*

De cette fontaine, on arrive en quelques minutes, par une allée ombreuse délicieusement bordée de prairies émaillées de fleurs, à la tour de M. Eustache. A son air bourgeois et propret, on devine que si elle a soutenu quelque siége, c'est, tout au plus, celui des rats. Le premier étage est tapissé d'anciennes caricatures ; au second, se trouvent deux glaces convexes aplatissant et allongeant la face de la manière la plus comique du monde. Tout ceci est beaucoup moins curieux que le beau coup d'œil dont on jouit depuis le belvéder de cette tour; on y découvre une grande partie du lac du Bourget, la tour et la cascade de Grésy, et les pans décharnés de la montagne du grand Revard, qui contrastent avec le verdoyant paysage qui vous environne.

Le jardin Chevallay, situé sur le haut de la colline d'Aix, n'est point à dédaigner, car la campagne si variée, qui entoure la ville, s'y présente sous un aspect différent.

Le gracieux coteau de Saint-Innocent, situé sur les bords du lac, est une des plus agréables promenades des environs; de bons vins, d'excellents fruits, la vue qui se déroule depuis le château et la campagne d'un riche Lyonnais, M. Quisard : tels sont les attraits de cette course d'une heure, que la belle avenue du Port de Puer vient encore embellir.

LA CASCADE DE GRÉSY.

TRESSERVE. — BONPORT. — LA MAISON DU DIABLE.

LE THÉATRE DU CHALET.

La première visite des dames est presque toujours pour la cascade de Grésy. Cette prédilection s'explique facilement par son beau site, qu'une grande infortune a rendu célèbre. On s'y rend à pied, en trois quarts d'heure, par la route de Genève, qui, par un sentier, conduit aux moulins à scieries de Grésy ; c'est de là que s'échappe le torrent, au confluent du Sierroz et de la Daisse. Rien n'est plus pittoresque que cette excavation à pans perpendiculaires, d'où l'eau tombe avec fracas de tous côtés en cascades écumeuses, et à laquelle des maisons chaudement teintées suspendues sur l'abîme, des pampres de lierre, des fleurs et des rochers, forment un encadrement des plus bizarres. Le spectacle de cette nature dévergondée attriste encore bien plus l'âme quand on pense à l'horrible catastrophe dont elle fut témoin.

En 1813, la reine Hortense, qui, comme l'impératrice Joséphine, Mme Lætitia Bonaparte et la princesse Borghèse, affectionnait beaucoup les eaux d'Aix, se rendit à la cascade, accompagnée de Mme la baronne de Broc, sa dame du palais, de M. le comte d'Arjuzon, son chambellan, et de Mlle Cochelet, sa lectrice. C'est à cette dernière, l'un des témoins oculaires de ce triste événement, que nous empruntons, comme étant les plus authentiques, les détails suivants, qui démontrent toute l'énergie et la tendresse de la reine.

« Pour bien voir la cascade (dit-elle dans ses Mémoires), il fallait passer sur une planche que le meunier posa à l'instant sur un petit bras d'eau qui allait d'une vitesse effrayante. La reine passe lestement sur la planche; à peine si elle la touche et elle est déjà de l'autre côté. Mme de Broc la suit; le pied lui manque, elle est entraînée dans le gouffre et disparaît à nos yeux. La reine était toute seule de l'autre côté, sur un rocher glissant; la planche avait été aussi emportée : elle ne pense qu'à son amie; elle ne perd pas la tête, elle arrache son châle de dessus ses épaules, le jette sur le gouffre, en en retenant un bout, se tient sur le bord et appelle à grands cris celle qui ne répond pas et qu'on ne devait plus revoir.

« La reine alors, au désespoir, repasse, en s'élançant, au risque d'être entraînée aussi par ce funeste bras d'eau. Elle est éperdue, elle se joint à nous pour demander du secours ; il en arriva de toutes parts à nos cris, mais tous nos efforts furent vains. »

Enfin, après vingt minutes, on parvint à ressaisir Mme de Broc, mais ce n'était plus qu'un corps inanimé. Telle fut la fin tragique de cette femme belle, remplie de grâce et de talents, dont la reine, si sensible et si charitable, avait fait son amie. Elle était la sœur de la maréchale Ney, princesse de la Moskowa, et veuve de M. de Broc, grand-maréchal du palais du roi de Hollande.

Voici l'inscription si simple et si touchante que la reine fit graver sur la pierre tumulaire érigée à sa mémoire :

MADAME LA BARONNE DE BROC,
AGÉE DE 25 ANS, A PÉRI, SOUS LES YEUX DE SON AMIE,
LE 10 JUIN 1813.
O VOUS QUI VISITEZ CES LIEUX,
N'AVANCEZ QU'AVEC PRÉCAUTION SUR CES ABIMES,
SONGEZ A CEUX QUI VOUS AIMENT !

Ce monument funèbre fut restauré, il y a quelques années, par les soins de Mme la comtesse Mollien, ancienne dame du palais de la reine Hortense.

Au milieu de ces tristes souvenirs, de ces rochers qui, rongés par le temps, semblent menacer vos têtes, au milieu du bruissement des eaux, on se demande par quelle route souterraine elles s'échappent des sombres fissures sous lesquelles elles vont s'engouffrer. — Hélas! là tout est douleur et énigme. N'est-ce point l'image de la vie, joyeuse et bondissante à son aurore, comme les flots de la cascade, mais que des mystères impénétrables font tout à coup évanouir comme eux!

On peut se rendre de la cascade à la tour de Grésy, vestige triste et fort maltraité d'un vieux château féodal qui, au milieu de cette nature si fraîche et si étincelante, semble s'amuser comme un hibou au grand soleil.

Quelle charmante colline que celle de Tresserve, dont le verdoyant mamelon vient masquer un instant l'aspect du lac! Majestueux châtaigniers à l'ombrage protecteur, chemins mystérieux bordés d'odorants acacias et d'arbres envahis par la vigne, dont les branches étalent aux regards leurs guirlandes chargées de grappes dorées, fleurs éparses, oiseaux chantant leurs amours sous la feuillée; voilà Tresserve avec sa vue délicieuse! De quelque côté que l'on se tourne, l'œil est satisfait, puisqu'il peut embrasser tour à tour, Aix, le lac, Châtillon, Hautecombe, Bordeau, le Bourget, la vallée de Chambéry et toutes ces montagnes d'aspect si différent, dont les pics se dressent à l'horizon.

C'est enivré des beautés de ce site que l'on se dirige du village de Tresserve vers le gentil manoir de Bonport, dont les tourelles et les cheminées au ton rouge ressortent vivement sur l'eau transparente du lac. Descendez sans crainte dans le jardin, dont les allées sinueuses et les parterres odorants font honneur au bon goût du châtelain, M. Dubourget. Asseyez-vous sous le quinconce de verdure qui borde le lac, dont la vague vient en expirant baiser vos pieds, et dites-nous si ces tapis de verdure, si ces salles d'ombrage, ces orangers dont l'odeur se mêle à l'âcre parfum des géraniums, ces barques errantes sur l'onde azurée, ne doivent point faire croire au bonheur. Oh! oui, Bonport, ton doux nom est bien choisi; c'est en abordant à ton rivage fortuné que l'on peut s'écrier avec le sage : « *Inveni portum.* »

Qui croirait que le diable a élu domicile aussi près de ces lieux enchanteurs? Ce n'est pourtant que la simple vérité, car c'est en revenant à Aix, que l'on trouve la maison du Diable. A voir cette sombre masse de pierres grises, sous laquelle on pénètre par un porche à l'aspect sinistre, on pourrait craindre d'en voir sortir quelque héros fantastique d'Anne Radcliffe, n'était le paysage tout pastoral qui l'entoure.

Florian et Mme Deshoulières y auraient pu rêver idylle tout à leur aise. Qu'importe? exploiter le diable, c'est de bonne guerre; aussi n'a-t-on pas craint de mettre sur son compte plusieurs légendes plus ou moins apocryphes. Nous nous ferons le simple écho des deux plus accréditées, n'entendant nullement en assumer la responsabilité, car il ne s'agit pas ici d'un diable de fantaisie, mais du diable en personne, avec lequel il ne faut pas plus badiner qu'avec le feu.

Si l'on en croit M. de Fortis, une jeune et jolie bergère de Tresserve, tout en cueillant des fraises (des noisettes, passe encore, mais des fraises!) fut rencontrée, il y a quelques années, dans le bois de Cornin, par un élégant jeune homme. Les acheter à la jeune fille, lui dire et redire chaque jour l'amour inspiré par la fraîcheur de son teint et l'éclat de ses beaux yeux, ce fut chose facile pour ce nouveau don Juan, qui abusa promptement de la crédulité de l'innocente jeune fille. Aussi, lorsque le curé du village, instruit de leurs entrevues fréquentes, fit venir l'imprudente pour l'interroger, celle-ci répondit en pleurant : « Il n'est plus temps! » Ces mots, qui n'avaient pas besoin de commentaires, désolèrent le curé qui chercha à questionner le séducteur; il venait de partir.

Le cas était embarrassant, mais la charité est ingénieuse. Grâce aux efforts du bon prêtre, une dame étrangère voulut bien se charger de la bergère, qu'elle emmena avec elle et qu'on ne revit plus. Ce départ subit et un peu de superstition donnèrent à penser aux naïves villageoises que si leur compagne ne venait plus avec ses chèvres au pied du bâtiment désert, c'est que le diable, épris de sa beauté, l'avait enlevée. — De là le nom de *Maison du Diable*.

Une autre version, bien autrement fantastique, est adoptée sur le même sujet par Mlle Jenny Bernard, dans son *Luth des Alpes*.

Suivant cette aimable poëte, que la Savoie s'enorgueillit de compter parmi ses illustrations, cette maison serait l'œuvre d'un homme, quelque original excentrique probablement, qui, pour mener à bonne fin cette entreprise, avait pris Lucifer à son service. Celui-ci consentit à se charger de la besogne, mais sous la condition expresse que l'âme de son associé deviendrait sa propriété à son décès. On conçoit facilement que ce dernier reculât par tous les artifices le quart d'heure de Rabelais ; mais le diable, perdant patience, une fois la maison achevée, expédia ce débiteur récalcitrant et disparut, emportant son âme.

En voici bien assez de ces deux variantes : laissons les autres dormir en paix ; allons plutôt ensemble admirer, de la pittoresque plate-forme qui est près de la maison, le beau coup d'œil qui s'étend autour de nous, de quelque côté qu'on se tourne, et rentrons à Aix, après avoir fait une petite station à la délicieuse villa élevée non loin de là par un homme de goût, M. Gambaro, qui a su y réunir tous éléments de plaisirs et de distractions.

Gardons-nous d'oublier le théâtre du Chalet, une fantaisie toute princière que ce riche seigneur français a eu l'heureuse idée d'édifier à ses frais sur sa propriété, située non loin des jardins du Casino. Plusieurs artistes distingués ont eu déjà maintes fois l'occasion de s'y faire applaudir en y jouant les plus jolies pièces de notre répertoire, et des œuvres inédites d'une femme dont l'esprit n'a pas moins de charme que la beauté.

LE LAC DU BOURGET.

> Les vagues n'ont-elles pas une âme ? leurs cavernes humides ne sont-elles pas douées d'un sentiment, et ne l'expriment-elles pas dans leurs larmes silencieuses ?
> **Lord Byron** (*Christian*).

PUER. — BORDEAU. — LE CHATEAU DU BOURGET. CHATILLON.

La magnifique avenue des Peupliers, bordée de riantes prairies aux coquets sentiers, aux ruisseaux babillards, est le chemin par où l'on se rend au port du Puer ou Grand port. De onze heures à cinq, il présente une scène pleine d'animation, véritable lanterne magique, dans laquelle passent et repassent sans cesse, à pied, en voitures ou en joyeuses cavalcades, les vertueux pêcheurs, les visiteurs de Bordeau ou d'Hautecombe, ainsi que les Christophes Colombs d'eau douce qui vont à la découverte de quelque baie inconnue ; hardis navigateurs que le souffle de la brise et les efforts des bateliers, habiles comme des rameurs canadiens, frappant l'eau en cadence de leurs pagaies, ont bientôt lancés sur le lac.

Cette belle nappe d'eau, qui n'a pas moins de quatre lieues de long sur plus d'une lieue de large, située à 231 mètres au-dessus du niveau de l'Océan, est vraiment imposante, même pour celui qui connaît le lac Léman, ce rival azuré de la mer de Naples. Rien ne vient troubler la transparence de ce miroir de saphir splendidement encadré de sombres montagnes et de délicieuses collines, si ce n'est le mouvement régulier des rameurs. Tandis que l'esquif glisse rapide, qu'il fait bon, nonchalamment couché comme dans une gondole vénitienne, s'égarer dans ses pensées fugitives! C'est en vain que, penché sur l'eau bleue du lac que vous caressez de la main, vous voulez sonder ses mystérieuses profondeurs, savoir quelle révolution de la nature a pu amener un pareil cataclysme; le silence seul vous répond. Il faudrait plus que la cloche d'un plongeur pour vous initier à cette vie sous-marine; la double vue de Robert-Houdin n'y suffirait même pas.

Cependant nous approchons de Bordeau. Au pied du parement pelé du Mont-du-Chat, sur un piédestal de rochers et de verdure que l'eau du lac vient lécher, se dresse la tour de l'ancien château, à laquelle on arrive par un chemin aussi agreste que rapide. De sa terrasse ombragée de puissants figuiers, on découvre un coup d'œil enchanteur : ce sont d'abord les arbres plantés à ses pieds, qui y forment un effet singulier, car ils se découpent vivement en capricieux festons sur l'azur du lac, que l'on serait tenté de prendre pour celui du firmament, tant l'illusion est complète. C'est le monde renversé. Puis, c'est la surface silencieuse du lac dont quelques barques blanches, semblables à des cygnes endormis, rompent seules la poétique monotonie. Vont-elles aborder à Puer, à Hautecombe ou au Bourget? Qu'importe, devant ce panorama qui, partant de Saint-Innocent, embrasse tout le pays compris entre ce point et le village du Bourget, dans lequel on trouve, bordés par la chaîne des Bauges et le mont Nivolet, Aix, Tresserve, Bonport et toute la vallée de Chambéry, au-dessus des montagnes de laquelle apparaît la face neigeuse des Alpes françaises?

Mais cette paisible terrasse, si bien disposée pour un observatoire, n'a pas toujours été aussi tranquille; cette vieille tour démantelée, sur laquelle montent impunément à l'assaut le lierre et les plantes parasites, n'a pas été toujours ouverte ainsi au premier venu; car le château dont elle dépendait a appartenu, au neuvième siècle, aux comtes de Savoie, puis à la noble maison de Seyssel.

Plus tard, si l'on en croit Montaigne, on y établit, vers la fin du seizième siècle, une manufacture d'armes où « se font, dit-il, des espées de grand bruit. » Mais aujourd'hui, tout a disparu ; au son de l'airain forgé par ces modernes cyclopes, a succédé le bruit plus pacifique d'une papeterie alimentée par le ruisseau descendant du Mont-du-Chat, qui, après maints sauts bondissants, se précipite joyeusement dans l'eau tranquille du lac.

Si la chaleur ou la similitude du nom de cet obscur village, avec son célèbre homonyme de la Gironde, excitent trop vivement les désirs de votre gosier, demandez du vin clairet. Ce n'est, certes, ni du Sauterne, et encore moins du Montrachet, mais bien un gentil petit vin de Seyssel, qui vous communiquera rapidement son humeur pétillante.

Le château de Bordeau n'était pas le seul point fortifié du lac, car il servait à relier, comme point de défense, le château du Bourget, situé dans la partie méridionale, à celui de Châtillon, bâti à l'extrémité opposée.

Au onzième siècle et pendant les beaux temps de la féodalité, le château du Bourget, autour duquel s'était groupé le village du même nom, était orné de ponts-levis, de tours, de créneaux et de machicoulis qui le rendaient redoutable, mais dont il ne reste aujourd'hui que quelques pans de murailles et des vestiges de fossés. Cette grandeur déchue serait certainement, comme tant d'autres, tombée dans l'oubli, si elle n'avait eu l'honneur de donner naissance, en 1272, à Amédée V, dit le Grand, l'un des plus beaux noms de la maison de Savoie.

Comme il affectionnait beaucoup cette résidence, il fit venir d'Italie, pour l'orner, les peintres les plus distingués de l'école Florentine, parmi lesquels figuraient plusieurs contemporains et disciples du célèbre Giotto. Mais Amédée V ayant acheté, en 1288, le château de Chambéry, les princes, ses successeurs, abandonnèrent la résidence du Bourget qui, à la suite des siècles, est tombée en ruines.

Le château de Châtillon, moins célèbre par ses souvenirs historiques, bien qu'il ait vu naître le pape Célestin IV, n'a pas été aussi maltraité par les injures du temps. C'eût été vraiment dommage, car s'il exista jamais une position favorable pour un château féodal, c'est bien certainement ce promontoire de rochers tapissé de beaux ombrages, au sommet duquel se dessinent les tours du château. Ainsi perché sur le lac, dans lequel il avance curieusement un pied téméraire, l'œil aux aguets, on eût dit jadis un aigle toujours prêt à fondre sur sa proie. Mais, aujourd'hui, les serres du royal oiseau sont rognées, et le vieux manoir devenu invalide ne menace plus personne, pas même les nombreux visiteurs qui vont jouir du magnifique spectacle qu'on y découvre. Autour du lac, sur lequel on plonge dans sa plus grande longueur, s'épanouissent, à travers mille accidents de lumière, ces merveilles tour à tour si riantes et si sauvages qui, partant de vos pieds, vont, par la vallée de Chambéry, se perdre dans les sommets neigeux des Alpes aux teintes roses.

Puisque nous nous occupons des anciens monuments féodaux, parlons encore de la tour de Cessens. Cette tour, située à trois lieues d'Aix, entre la route de Genève et l'extrémité septentrionale du lac du Bourget, domine, du sommet de la montagne sur laquelle elle est assise, un pays aussi vaste qu'accidenté. Bien que démolie à moitié, sa vigoureuse silhouette semble encore menacer, de toute sa hauteur de 24 mètres, les collines environnantes.

Au lever du soleil, le panorama de Cessens est véritablement magique ; c'est sa vue plutôt que celle des Charmettes ou du mont Nivolet, qui a dû inspirer à Jean-Jacques Rousseau cette belle page devenue classique :

« On le voit s'annoncer de loin, par les traits de
« feu qu'il lance au-devant de lui ; l'incendie augmente,
« l'orient paraît tout en flammes ; à leur éclat, on
« attend l'astre longtemps avant qu'il se montre ; à
« chaque instant on croit le voir paraître, on le voit

« enfin. Un point brillant part comme un éclair et
« remplit aussitôt l'espace ; le voile des ténèbres
« s'efface et tombe ; l'homme reconnaît son séjour
« et le trouve embelli. La verdure a pris, durant la
« nuit, une vigueur nouvelle ; le jour naissant qui
« l'éclaire, les premiers rayons qui la dorent, la mon-
« trent couverte d'un brillant réseau de rosée, qui ré-
« fléchit à l'œil la lumière et les couleurs. Les oiseaux,
« en chœur, se réunissent et saluent, de concert, le
« Père de la vie ; en ce moment, pas un seul ne se
« tait, etc. »

LE MONT-DU-CHAT. — LA GROTTE DE BANGES.

Entre ces deux courses éloignées, il est tout naturel qu'on choisisse d'abord celle du Mont-du-Chat, car c'est une préoccupation aussi continuelle que celle causée par le Puy-de-Dôme à Clermont, le Pic de Sancy au Mont-Dore, ou le Mont-Blanc à Chamouny. Et puis, son origine, autant que son nom singulier de Mont-du-Chat, sont bien faits pour intriguer ; il faut convenir qu'on le serait à moins. Aussi, ont-ils mis en émoi les esprits les plus ingénieux, qui ont cherché, à travers mille conjectures plus spirituelles que concluantes, l'énigme de ce logogriphe de rochers. Selon nous, celle du savant Deluc, s'appuyant sur la description de Polybe, est la plus vraisemblable. Il prétend, contrairement à MM. Letronne, Whitaker, de Folard et autres, que c'est par le col du Mont-du-Chat que, 217 ans avant J.-C., Annibal entra dans les Alpes, pour pénétrer en Italie, à la tête d'une armée de 30,000 fantassins, 8,000 cavaliers et 30 éléphants, qui défirent les Allobroges qui voulaient s'opposer à son passage.

Les étymologistes n'ont pas, comme on le pense bien, laissé échapper cette belle occasion de raisonner sur le nom même du Chat. Selon les uns, cette montagne est ainsi appelée, parce qu'à en croire le révérend père Fodéré, le roi Arthus de Bretagne envoya en Savoie deux de ses plus prudents hommes d'armes, Berius et Mélianus, au commencement du sixième siècle, pour occire, à la plus grande joie des habitants, un tigre qui désolait la contrée ; et d'*un !*

Selon Rochex, ce nom provient du mot *Caturigus,* dérivé de celui des premiers peuples qui habitèrent l'Allobrogie, et appelés Caturiges; et de *deux !*

Enfin d'autres étymologistes plus fantastiques font dériver le mot chat de *catus, catulus,* qui veut dire (chien, petit chien) ; et de *trois !*

Après ce dernier trait vraiment adorable, il ne reste plus qu'à donner sa langue..... au Chat. C'est ce que nous faisons de la meilleure grâce du monde.

Quoi qu'il en soit, il paraît établi qu'une voie romaine, unissant la Gaule et l'Italie, passait jadis au-dessus du vieux château de Bordeau. Des ouvriers, en creusant la nouvelle route, y ont trouvé des médailles romaines, et on y découvrit une curieuse inscription latine qu'on peut lire actuellement dans la chapelle souterraine du Bourget.

> Mercurio Augusto,
> Sacrum T. Terentius
> Catulus.
> V. S. I. T.

Ce qui semble prouver qu'un temple avait été élevé à Mercure, sur cette montagne.

Le chemin le plus court pour faire cette ascension, qui est de deux heures, est par Bordeau, d'où l'on peut facilement rejoindre la grande route de Chambéry à Yenne. Le moment le plus favorable n'est point, à notre avis, le matin, mais bien dans l'après-midi, pour y voir le soleil couchant, car l'horizon y est toujours plus pur. Après avoir laissé au châlet ses montures, on gravit un sentier rapide qui, par moment, devient assez difficile, et, au risque de quelques glissades et de légères égratignures, on ne tarde pas d'arriver au sommet du rocher qui forme le pic. C'est alors que l'incomparable coup d'œil dont on jouit vous récompense, en un instant, de vos efforts; car ce n'est pas sans quelque sentiment de vertige, qu'on aperçoit le lac, la vallée de Chambéry, la vallée du Rhône, la Suisse, le Dauphiné et la chaîne étincelante du Mont-Blanc, avec leurs aspects si variés, confondus dans l'immense horizon que la dégradation des tons ménagés par le soleil couchant vient revêtir des teintes les plus riches et les plus capricieuses.

Les touristes, qu'une course de quatre heures ne fera pas reculer, iront certainement visiter la grotte de Banges, à laquelle on arrive en traversant le village de Grésy et la montagne de Cuzy, où l'on remarque le *Puits des pestiférés*, dans lequel les habitants de Cuzy ensevelirent en masse, en 1401, les victimes de la peste noire qui infesta alors ces contrées. Après avoir dépassé les *Gorges d'Enfer*, d'où le Chéran, qui roule des paillettes d'un or malheureusement moins productif que celui du Sacramento, bondit en flots écumants, s'élève bientôt la cime du mont Semnoz, non loin duquel s'ouvrent béantes les deux entrées de la grotte, dont l'une présente de belles proportions et conduit à une galerie de mesquine apparence, tandis que l'autre, plus écrasée, aboutit au contraire à une galerie beaucoup plus spacieuse. L'une et l'autre ne tardent pas à se fondre en une seule, qu'on ne saurait visiter qu'à l'aide d'un flambeau et du classique bâton ferré. Alors apparaissent, dans toute leur vigueur d'effets rembranesques, les parois des voûtes d'où semblent se balancer, comme des flèches oscillantes, les stalactites blanches appendues à leurs flancs, tandis que les sources de mille petits ruisseaux, scintillant sous la clarté de la flamme comme des lueurs phosphorescentes, s'échappent des entrailles mystérieuses de la montagne. C'est à travers cette bizarre mise en scène qu'apparaît l'eau du lac, noire comme celle du Tartare, sur laquelle luit brusquement la flamme des flambeaux, comme un éclair sur un ciel orageux. En présence de cette sinistre nappe d'eau qui n'a pas moins de 100 mètres de circonférence, l'esprit est tristement impressionné, malgré les détonnations des pétards et les planchettes munies de flambeaux allumés qu'on lance en brûlots sur le lac, pour mieux en apprécier les contours. C'est qu'il y a dans ce cataclysme de la nature quelque chose de monstrueux, d'anormal, qui étonne et frappe de stupeur. La cavité occupée par le lac a une élévation de voûte qui varie de 10 à 12 mètres, et la longueur totale de la galerie, jusqu'au bord de l'eau, est de 243 mètres environ.

Disons, en terminant, que l'eau du lac va se dégorger à 600 mètres, au midi, dans le Chéran, non loin du *Pont de l'eau morte*, et sur ce, courons respirer sous la voûte azurée du firmament, que celle de la grotte, si curieuse qu'elle soit, ne nous empêchait pas de désirer vivement revoir.

HAUTECOMBE.

Tu peux sur le granit de tes funèbres dalles
Étaler fièrement tes pompes sépulcrales,
Les sublimes dormeurs de tes tombeaux noircis,
Tes princes étendus sur leurs coussins durcis,
Et tous les morts fameux dont la patrie altière
Conserve avec respect l'éclatante poussière.

Aug. BARBIER (*Lazare*).

Il n'est pas permis de venir à Aix sans visiter l'abbaye d'Hautecombe. Si un étranger était assez mal avisé pour commettre une pareille énormité, il devrait être dirigé sur le canton du Valais, pour y passer une saison avec les crétins qui l'habitent. Mais une pareille crainte est chimérique quand on connaît la procession continue de curieux qui se rendent chaque jour au célèbre monastère en bateaux plats ou pontés, voire même à la nage. Ce fut ce dernier moyen de transport qu'employèrent, il y a quelques années, un Anglais et un habitant de Grenoble dont le nom nous échappe. Nos deux champions voulant renouveler les prouesses de Léandre et de lord Byron, traversant le Bosphore, firent le pari d'aller à la nage du Grand-

Port à Hautecombe, et, chemin faisant, de manger un poulet arrosé de champagne. Ce qui fut dit fut fait ; le poulet et le vin d'Aï furent absorbés au grand ébahissement des bateliers qui suivaient prudemment les deux antagonistes. Si Haydée ne reçut pas ces nouveaux Don Juans en abordant au rivage, ils n'en trouvèrent pas moins au couvent les soins les plus empressés.

Mais, *paulo majora canamus*.

L'abbaye d'Hautecombe, fondée en 1125 par Amédée III, est située du côté occidental du lac, sur une petite éminence dont le piédestal de rochers plonge à pic dans le lac. Un massif d'arbres séculaires, plantés entre la rive où l'on aborde et le monastère, cache une partie des bâtiments, au-dessus desquels surgissent le clocher et une tour octogone blanche et élancée comme celle des minarets, se mirant dans les flots bleus de la mer de Marmara.

Ainsi placée entre le silence du lac et le silence des bois, rien ne vient troubler les religieuses méditations de ses habitants qui, dans toute la placidité de leur âme aussi sereine que cette belle nature qui les entoure, peuvent adresser avec ferveur, au Tout-Puissant, des prières pour les illustres hôtes confiés à leur garde. Car Hautecombe est à la Savoie ce que l'Escurial et Saint-Denis sont à l'Espagne et à la France ; c'est sous ses voûtes sacrées que, de temps immémorial, à peine interrompu par les orages de la Révolution, ont reposé les restes des princes de la vaillante maison de Savoie qui s'allia si souvent avec la maison de France.

Les religieux de l'ordre de Cîteaux qui desservent Hautecombe, fondée sur les instances de saint Bernard alors abbé de Clairvaux, sont sous la dépendance immédiate du général de l'ordre qui est à Rome, et non sous celle de l'archevêque de Chambéry. Ils s'adonnent principalement à la prédication comme les dominicains ; quelques-uns se livrent à l'étude de la botanique et composent, à l'aide des simples, des remèdes dont l'efficacité ne le cède en rien à ceux des Chartreux et des Carmes.

Il n'y a pas à Hautecombe d'abbé proprement dit qui soit de nomination royale, mais bien un supérieur nommé par le général de l'ordre ; ce poste est actuellement occupé par le révérend père dom Claude Curtet, et celui de procureur par dom Humbert Lacombe.

C'est de cette abbaye que sont sortis trois saints, deux papes, Célestin IV, élu en 1241, et Nicolas III, élu en 1277, puis une foule d'abbés devenus célèbres, que l'épiscopat et la pourpre romaine récompensèrent de leurs talents et de leurs vertus. Qu'il nous suffise de citer parmi eux :

Henri, qui fit une vigoureuse guerre de plume aux Albigeois, et auquel le pape Alexandre III conféra le titre de cardinal-évêque d'Albano.

Le cardinal *Alexandre Farnèse*, neveu du pape Paul III.

Le cardinal *de Saint-Georges*, qui vivait en 1546.

Le cardinal *de La Guiche*, évêque d'Agde, ambassadeur d'Henri II, empereur d'Allemagne.

Alphonse del Bene, évêque d'Alby, ami de saint François de Sales, auquel le roi conféra, en 1572, le titre de sénateur dont les abbés, ses successeurs, continuèrent à être honorés.

Bien qu'ayant un peu perdu de son antique splendeur, l'abbaye était encore florissante en 1792, à l'époque où les Français s'en emparèrent. En 1796, lorsque l'on vendit à l'encan l'abbaye et ses dépendances, les tombeaux furent brisés, et, si on respecta les cendres des illustres morts, il n'en fut pas de même des joyaux qui les accompagnaient.

Depuis, le monastère, transformé en une fabrique de faïence, ne fut plus que l'ombre de lui-même jusqu'en 1824, époque à laquelle le roi Charles-Félix, mû par un pieux sentiment, racheta à ses frais particuliers les bâtiments d'Hautecombe et leurs dépendances qu'il chargea son architecte, le chevalier Mélano, de restaurer.

Cet ingénieur, secondé par Benoît et Louis Cacciatore, les frères Vacca, Borione et autres artistes habiles, poussa si activement les travaux, qu'au mois d'août 1826 Charles-Félix et la reine Marie-Christine purent procéder à la nouvelle consécration de l'église.

Ces préliminaires historiques posés, nous allons, par un élégant portail du style gothique fleuri, entrer dans l'église à laquelle la chapelle, dite du roi ou des anciens évêques de Belley, sert de vestibule. On remarque sur l'autel de cette chapelle un groupe d'anges en marbre blanc plein de grâce et de finesse, dû au ciseau de Cacciatore de Milan. C'est à gauche, près de la porte, qu'est le tombeau, empreint de simplicité, du roi Charles-Félix. L'étendard des gardes du corps, planté à la tête du tombeau, nous plaît ; cet emblème de fidélité, survivant à la mort, est une heureuse idée. Les pierres grises, dont les sombres nervures vont s'égarer dans les ornements, et les lettres d'or, ressortant sur le fond bleu des voûtes, sont d'un puissant effet.

En entrant dans la grande nef de l'église, l'impression qu'on éprouve est singulière ; un esprit ascétique en serait quelque peu désillusionné s'il croyait y trouver l'aspect funèbre d'une crypte. Il n'y a là rien de semblable. A voir ces fioritures, ce luxe d'ornementation qui du pavé montent en festons, en arabesques au sommet des voûtes azurées, on devine le caractère italien, génie coquet et mondain, parlant plus aux sens qu'au cœur, et qui dissimule les tombes de ses morts sous des bouquets de fleurs.

Au milieu de cette nef, on remarque, à côté de la croix royale de Savoie, l'aigle de la famille du comte de Colobiano, ancien intendant du roi Charles-Félix, et chevalier d'honneur de l'ancienne reine. Parmi les tombeaux des princes qui vous apparaissent sous les mille formes différentes de statues, bas-reliefs, cariatides, anges et ornements de tout genre, les plus remarquables sont ceux de Louis Ier et de Jeanne de Montfort, son épouse ; de Pierre de Savoie, dit le *petit Charlemagne*, et d'Anne de Zehringen. Viennent ensuite ceux d'Amédée V, dit *le Grand;* d'Amédée VI, surnommé *le Comte Vert*, et d'Amédée VII, dit *le Comte Rouge;* d'Edouard, dit *le Libéral;* de Philippe Ier, dit *le Chasseur;* d'Humbert III, dit *le Saint;* d'Aymon et d'Yolande, sa femme; et derrière le maître-autel, celui de Boniface de Savoie, archevêque de Cantorbéry. Si vous demandez, tout ému : Où est donc le tombeau du roi Charles-Albert? On vous répond : Il est dans la royale basilique de la *Superga* près de Turin ; c'est là que reposent ses cendres à jamais vénérées, à côté des autres rois de Sardaigne, à l'exception de Charles-Félix.

Pour de plus grands détails historiques et descriptifs, nous renvoyons au remarquable travail de M. le sénateur baron Jacquemond sur Hautecombe, auquel nous avons fait quelques emprunts.

Derrière l'église est la chapelle de Saint-André dans laquelle on admire un tableau d'Ayrès de Savigliano. Avant de sortir de l'abbaye, jetez un coup d'œil sur ses beaux et fertiles jardins, ainsi que sur les restes précieux d'antiquités qui ont été retrouvés et placés dans une galerie, couverte par ordre du pieux Charles-Félix.

On remarque dans la salle d'audience du roi un reliquaire, œuvre curieuse d'un des Pères ; il renferme les reliques de saint Diodore ; puis, au milieu du plafond, Moïse recevant les Tables de la Loi.

Le complément indispensable de la visite à Hautecombe, c'est une station à la fontaine intermittente qui, en sa qualité de petite merveille, se croit le droit d'être aussi capricieuse que les enfants phénomènes âgés de cinq ans. On s'y rend en quelques minutes. Elles paraissent d'autant plus courtes que le chemin domine le lac, dont le transparent miroir reflète les hauteurs environnantes. Au fond, on aperçoit, perché pittoresquement sur un mamelon, le vieux château de Châtillon, sentinelle vigilante qui semble surveiller les abords du lac. En attendant, qu'il plaise à la fontaine de jaillir, ce qui quelquefois dure assez longtemps, on se repose sous le frais quinconce des magnifiques marronniers qui l'ombrage ; on y boit, on y chante, on y danse même quelquefois. Mais un bruit sourd se fait entendre ; l'eau s'échappe en écumant des flancs mystérieux du rocher qu'un Moïse invisible semble avoir frappé de sa baguette ; les rondes, les quadrilles se rompent, on accourt vers le bassin de la fontaine qui se garnit, en un clin d'œil, de gracieuses jeunes femmes, charmantes Hébés, dont le sourire mille fois plus aimable que celui de Rébecca, vous engage à vous désaltérer.

Si, grâce à ces plaisirs et à ces jeux qui ressemblent quelque peu à un pastiche de Watteau, on quitte Hautecombe à la nuit, on peut y jouir d'un curieux spectacle. Ce fut ce qui nous arriva par une belle soirée d'été, au milieu du silence qui régnait triste et solennel sur le lac ; une légère brume s'éleva en bizarres flocons au-dessus du monastère, on eût dit les ombres de tous ces illustres morts errantes autour de leur demeure funèbre. Peu à peu cette brume se dissipant laissa se refléter sur la surface tranquille du lac des myriades d'étoiles et la lune, dont la pâle figure échancrée apparaissait au-dessus du pic abrupte du Mont-du-Chat. L'eau était si calme, les effets de ce mirage si trompeurs, qu'il ne nous semblait plus voguer sur la plaine humide, mais dans les régions éthérées. Bercés par les célestes visions, enivrés du souvenir de tous ces preux hommes de guerre, de ces vaillantes épées qui avaient combattu dans les Croisades, nous entrevoyions déjà leurs figures gigantesques, au milieu des archanges et des séraphins, dont les lyres d'or nous apportaient les divines mélodies..... lorsque, ô fâcheux contretemps ! une espèce de masse noire, lançant la flamme de son œil rougeâtre comme celui d'un cyclope, battant en cadence l'eau de ses nageoires, vint détruire nos belles illusions. Cette masse informe, que de loin nous avions prise pour quelque monstre marin, vue de plus près, n'était autre qu'une barque sombre et mystérieuse comme une gondole du Conseil des Dix en faction dans les lagunes. Nous hélâmes la silencieuse embarcation, mais comme elle était montée par des pêcheurs aux flambeaux, ils restèrent muets comme la tombe.

En arrivant au port de Puer, il n'y avait plus, comme bien on le pense, ni ânes, ni voitures ; force nous fut donc de regagner Aix pédestrement. Cette solitude ne ne nous déplut vraiment pas trop, car elle nous laissa quelques instants de plus avec nos souvenirs.

CHAMBÉRY.

Les deux heures qu'on emploie à se rendre d'Aix à Chambéry passent rapidement, car des deux côtés de la route s'éparpillent coquettement les sites les plus variés, les surprises les plus charmantes. Frais ombrages, dignes des bergers de Virgile, châteaux mélancoliquement assis sur le penchant des collines, pelouses parfumées où paissent d'heureux troupeaux assez mal gardés par des bergères chantant quelques naïves chansons : telle est la perpétuelle pastorale qui passe sous vos yeux. C'est à peine si elle est interrompue par les villages semés par-ci par-là ; le Vivier, Voglans et Drumettaz, où l'on a retrouvé des antiquités romaines, puis Sainte-Ombre, nommée aussi Chambéry-le-Vieux, et le château de Candie, près duquel s'élève une belle forêt de sapins, et d'où se découvrent les jolis villages de Lamotte et de Bissy. Mais voici Caramagne, la Cassine et Lémenc, dont l'église renferme les restes de Mme de Warens et du général de Boigne. Enfin, l'on descend à Chambéry dont les maisons grises, aux toits luisants encadrés de montagnes et de verdure, sont baignées par l'Aysse et l'Albane. Avant d'entrer dans cette antique capitale de la Savoie, disons quelques mots de son histoire, depuis le douzième siècle, époque à laquelle son origine apparaît dégagée de traditions plus ou moins fabuleuses, dans lesquelles Noë et ses fils jouent des rôles fort compromettants.

Peu de villes ont été soumises à autant de tribulations : pestes, incendies, inondations, invasions étrangères, rien ne lui a été épargné, depuis Amédée V, dit le Grand, qui vint y fixer sa résidence, après avoir acheté le château de Chambéry en 828, jusqu'à nos jours. Elle dut à Amédée VI, dit le Comte-Vert, à cause de la couleur prise par lui dans les tournois où il brillait par sa grâce et son adresse, d'être entourée d'une enceinte terminée en 1441, et à son premier duc, Amédée VIII, d'être, en 1416, le séjour d'une cour brillante empressée de fêter l'empereur Sigismond.

Ce fut ce duc, devenu plus tard pape, sous le nom de Félix V, qui fit construire la Sainte-Chapelle dans laquelle fut déposé le saint Suaire donné, en 1452, par la fille de Godefroi de Bouillon, à Anne de Chypre, femme du duc Louis. Il y resta jusqu'en 1598, époque à laquelle il fut transféré à Turin où il est encore actuellement.

Chambéry tomba tour à tour au pouvoir de François Ier en 1536; en 1600, sous celui de Henri IV, puis de Louis XIII et de Louis XIV, jusqu'au traité d'Utrecht en 1713. Les Espagnols s'en emparèrent à leur tour en 1742; puis la France, en s'annexant la Savoie, en fit le chef-lieu du département du Mont-Blanc. Enfin, par les traités de 1815, il rentra sous le pouvoir de la maison de Savoie.

La tradition des tournois du moyen âge, et notamment des tirs à l'arquebuse où l'on tirait sur un oiseau de carton appelé *papegeai*, a survécu à tous ces orages; car, l'année passée, la visite que firent à Chambéry le roi, la reine, les princes et les princesses du sang, fut signalée par une fête de ce genre, donnée par les chevaliers tireurs. Les galantes coutumes renouvelées de Victor-Amédée Ier ne furent point négligées, et le roi du tir, M. A. de Savoiroux, après avoir reçu de S. M. la reine Adélaïde l'écharpe, prix du vainqueur, choisit lui-même pour sa reine une jeune et belle personne, Mlle Laure d'Avernioz.

De l'histoire, passons à la topographie. Chambéry, situé à 270 mètres au-dessus du niveau de la mer, traversé par quatre grandes routes aboutissant à Belley, le Pont-de-Beauvoisin, Genève et Turin, à 148 lieues sud-est de Paris, est certainement, eu égard à l'importance de la population qui est de 17,000 âmes, une des villes les mieux partagées sous le rapport des monuments, des promenades et surtout des innombrables institutions religieuses et de bienfaisance qu'on y trouve à chaque pas.

Indépendamment de la cathédrale, du musée très-riche en médailles romaines, de l'église Notre-Dame, où l'on voit un Christ attribué à Van-Dyck, du théâtre, qui est vraiment remarquable, et dont le rideau et les décorations sont des frères Vacca, l'étranger visite avec intérêt les belles promenades du Verney, ombragées d'épais tilleuls, le Grand Jardin et les restes pittoresques du vieux château royal incendié deux fois, dont la Sainte-Chapelle, la tour de la trésorerie et une autre tour, restent seules debout.

De tous les monuments de Chambéry, il n'en est pas un qui exciterait autant l'enthousiasme du gamin de Paris qui a ouï parler de l'éléphant en bois de la Bastille, que la fontaine du général de Boigne. C'est une véritable énigme que ce quatuor d'éléphants qui, la tête baissée, versent, avec une patience angélique, l'eau de la fontaine. Ils seraient bien plus intéressants, s'ils proclamaient à son de trompe l'inépuisable générosité de leur ancien maître, qui, revenu des Indes dans son pays natal, où il mourut en 1830, lui fit don d'une partie des millions qu'il avait rapportés d'Asie.

Il est fâcheux que les proportions de cette fontaine soient aussi peu harmonieuses. Sur la face qui regarde la jolie rue des Portiques ou de Boigne, qui rappelle la rue Castiglione, on lit cette inscription :

Benedicto de Boigne

Camberiensi,

grata civitas.

M. DCCC XXXVIII.

On trouve, en sortant de la ville, la belle propriété du *Buisson-Rond* dont les magnifiques massifs d'ombrages habilement entrelacées de belles allées, forment une charmante villa appartenant au fils du général de Boigne. Du belvéder de son kiosque élégant, construit par ce propriétaire, on jouit d'une vue délicieuse sur la ville et ses environs.

Les pépinières de M. Burdin, les fabriques de gazes et de papiers peints peuvent encore captiver l'attention du touriste impatient de visiter les curiosités de tout genre qui pullulent autour de Chambéry. Sa première visite, on le croira sans peine, est invariablement pour les Charmettes, à l'heureux voisinage desquelles Chambéry est redevable de cette foule d'étrangers qui, six mois durant, s'acheminent vers ses murs.

LES CHARMETTES.

> « L'homme n'anime pas seulement l'homme,
> « il anime toute une nature ; il emporte une im-
> « mortalité avec lui dans le ciel, il en laisse une
> « autre dans les lieux qu'il a consacrés. En cher-
> « chant sa trace, on la retrouve et l'on converse
> « réellement avec lui. »
>
> LAMARTINE (*Raphaël*).

Cet empressement se comprend merveilleusement bien, car tous les cœurs aimants, toutes les âmes pour lesquelles les tendres émotions ont conservé un parfum de jeunesse et de poésie, courent aux Charmettes, non point pour y chercher un beau site ou une de ces excentricités naturelles si communes dans la zone des Alpes, mais pour s'initier au charme paisible de cette humble retraite, pour s'égarer dans ce jardin témoin des amours de Jean-Jacques Rousseau et de madame de Warens. Ombre d'un grand homme, souvenir encore palpitant d'une grande passion payée d'une grande ingratitude, l'intérêt que vous inspirez parle cent fois plus au cœur que les monuments les plus pompeux !

Pour se rendre à cette solitude où madame de Warens ouvrit à Rousseau, encore enfant, les premières pages de ce divin roman qu'on nomme l'Amour, on s'engage dans une petite gorge où l'on gravit un étroit sentier après avoir dépassé un groupe de maisons appelé le *Bocage*. Perdu dans nos rêveries, la tête encore pleine du VIe livre des *Confessions*, nous suivions solitairement et un peu à l'aventure, protégé par l'ombre des acacias en fleurs, le ruisseau dont l'inépuisable babil vous tient compagnie, lorsque nous avisâmes un jeune garçon faisant des exercices de voltige sur un ânon qui se prêtait avec une patience merveilleuse à ces ébats. Nous approcher de ce Franconi en herbe, lui demander si la maison grise que nous voyions à droite était la demeure de Rousseau, fut l'affaire d'un instant. Est-ce chez M. Jean-Jacques que vous allez? — Certainement, répondîmes-nous, fort étonnés de la distinction insidieuse posée par ce jeune Allobroge. — Eh! bien, alors, vous n'avez qu'à monter encore un instant, et quand vous arriverez vers un petit bouquet de jeunes sapins, près d'un ancien four à chaux, vous serez en face de la maison.

En effet, quelques minutes après nous arrivions devant la maison des Charmettes, facile à reconnaître à l'inscription suivante, qu'y fit graver en 1792 Hérault de Séchelles, alors commissaire de la Convention en Savoie :

> Réduit par Jean-Jacques habité,
> Tu me rappelles son génie,
> Sa solitude, sa fierté,
> Et ses malheurs et sa folie.
> A la gloire, à la vérité,
> Il osa consacrer sa vie,
> Et fut toujours persécuté,
> Ou par lui-même ou par l'envie.

C'est aujourd'hui un carré long de pierres grises, percé de quelques fenêtres, que recouvre un toit rapide d'ardoises. Une bonne fermière, assise sur la terrasse élevée contre la maison de ce côté, nous introduisit d'abord dans la salle à manger qui, originairement, servait de cuisine. Elle est d'une extrême simplicité ; quelques tableaux médiocres se détachent d'un papier champêtre. C'est d'abord le portrait de J.-J. Rousseau, représenté debout, la main appuyée sur son *Contrat social*, placé sur une table avec cette devise : *Vitam impendere vero*. Que ce portrait trouvé dans la maison par son propriétaire actuel, M. le professeur Raymond, présente un petit anachronisme ; qu'il ait été peint d'après nature ou d'après d'anciennes gravures, peu importe, ce n'en est pas moins, au point de vue de l'art, une détestable chose. Nous voudrions, ne fût-ce que par politesse, faire quelque compliment au prétendu portrait de Mme de Warens, qui, s'il était ressemblant, nous ferait presque comprendre l'ingratitude de Rousseau ; mais, Dieu merci, pour l'honneur des peintres gracieux du règne de Louis XV, cette Omphale enfumée, aux pieds de laquelle se prosterne un Hercule d'une maigre apparence, n'a jamais rien eu de commun avec Mme de Warens ; c'est tout au plus un mauvais pastiche des peintures allégoriques de l'école de Lebrun.

Il y a dans cette pièce quelque chose de bien autrement amusant, nous voulons parler du livre sur lequel les visiteurs inscrivent leurs pensées ou leurs noms. C'est un salmigondis d'éloges outrés ou d'injures grossières écrites en plusieurs langues, notamment en mauvais français et en orthographe plus mauvaise encore ; c'est ce qui a dû inspirer cette réflexion à l'un d'eux :

« Que tu dois rire, Jean-Jacques, de tes admirateurs ! — 2 juin 1850. — B.....

De piquantes annotations enrichissent parfois ce curieux répertoire.

« Tu manques au monde qui renaît au souffle de
« la démocratie. »

Et en marge : « Quel truc ! » (Un Démoc. soc.)

Voici maintenant un échantillon de souvenir enfantin ; nous le transcrivons dans toute sa naïveté grammaticale :

Le jour de la St.-Joseph, une jeune fille de 12 ans est venu visiter Jean-Jaque Rouceau, étant accompagné de tout sa famamille. 1850.

A-t-elle appris l'orthographe ? A cette question, tout le monde répondra hardiment, non.

Nous en passons, et des meilleures.

(*Nota bene.*) Tandis que les louanges sont ornées pompeusement des noms et même des adresses de leurs auteurs (affranchir), les injures sont, en général, suivies de signatures illisibles. Nous méprisons fort, pour notre part, ces insulteurs anonymes qui n'ont pas même le courage de leur opinion.

Dans le salon contigu à la salle à manger, on peut s'exercer sur une épinette, que l'on assure avoir appartenu à Rousseau. L'âge vénérable de ce clavecin peut rendre cette supposition admissible ; qui sait si ce n'est pas sur ce modeste clavier qu'il a composé son *Devin du Village ?* Ce n'est pas tout. Voyez, suspendue à un clou, cette grosse montre en argent, épaisse comme une montre turque, dont le cadran argenté porte cette inscription : *Jean Rousseau* (Ce qui, par parenthèse, s'applique aussi bien à Jean-Baptiste qu'à Jean-Jacques). Mais elle n'en serait pas moins historique, et elle tentera certainement tôt ou tard quelque riche amateur. Malheureusement, les concierges du château de Ferney ont gâté le métier ; on se souvient trop des cannes et des tabatières de M. de Voltaire, qui, sous le rapport de l'authenticité, sont tombées bien au-dessous des morceaux de la vraie croix.

La chambre qu'occupait J.-J. Rousseau est située au premier étage, précisément au-dessus du vestibule, tandis que celle de Mme de Warens donnait sur le jardin oblong, à l'extrémité septentrionale duquel la charmante pécheresse avait placé ses abeilles.

Telle est, aujourd'hui, cette solitude que Rousseau regretta toujours, à Venise comme à Paris, et après laquelle il soupira souvent, au milieu du tourbillon de sa vie si inégale et si agitée.

Ce fut vers la fin de l'été 1736, qu'ils en prirent possession.

« J'étais, dit-il, dans ses *Confessions*, transporté, le premier jour que nous y couchâmes. O maman, dis-je à cette chère amie, en l'embrassant et l'inondant de larmes d'attendrissement et de joie, ce séjour est celui du bonheur et de l'innocence ; si nous ne le trouvons pas ici, il ne faut le chercher nulle part.....

« Je me levais tous les matins, avant le soleil ; je montais par un verger voisin, dans un très-joli chemin qui était au-dessus de la vigne, et suivait la côte jusqu'à Chambéry. Là, tout en me promenant, je faisais ma prière qui ne consistait pas en un vain balbutiement des lèvres, mais dans une sincère élévation de cœur, à l'auteur de cette aimable nature dont les beautés étaient sous mes yeux. »

C'est ce chemin décrit par Jean-Jacques, qu'il faut prendre pour retourner à Chambéry, de manière à visiter la fontaine Saint-Martin. C'est véritablement de ce point qu'apparaît, dans toute sa magnificence et sa fraîcheur, le panorama de la vallée de Chambéry, comparée par Châteaubriand à celle du Taygète. Non-seulement le regard y plonge sur la ville, dont les toits étincelants, les édifices et les promenades sont d'un effet original, mais encore sur cette pléïade de villas, de châteaux et de villages, parsemée de verdure et entourée de montagnes pittoresques que l'œil bleu du lac semble contempler avec amour.

LE CHATEAU DE LA MOTTE. — LA DENT-DE-NIVOLET. — LES CASCADES DU BOUT-DU-MONDE, DE JACOB ET DE COUZ. — LES EAUX DE CHALLES. — LES ABIMES DE MYANS. — LES CHATEAUX DE MONTMAYEUR ET DE MIOLANS.

Le château de la Motte, situé à trois quarts de lieue de Chambéry, tranche agréablement sur les vieux manoirs à la mine renfrognée, qui semblent bouder au milieu de cette nature si coquette qui leur sourit. C'est une construction moderne pour laquelle son heureux propriétaire, M. le marquis Léon Costa de Beauregard, l'un des hommes les plus distingués de la Savoie, par sa naissance, ses talents et son inépuisable bienfaisance, a dépensé au moins autant de goût que d'argent. Ici plus de tourelles, plus de créneaux, plus de ponts-levis, mais une grande et belle maison, à l'air bien digne et bien calme, bâtie au milieu des magnifiques ombrages d'un parc dont l'habile disposition ferait envie à nos modernes Lenôtres. On y remarque surtout un beau cèdre du Liban et un Magnolier en pleine terre. Une foule d'arbres exotiques, dont les feuillages et les fleurs, d'aspects si différents, luttent avec les capricieux ruisseaux et l'émeraude des pelouses, pour faire de cette demeure un séjour enchanté.

L'intérieur est, en tout point, digne de l'extérieur : splendides salons, riches tentures, ameublements artistiques, collections d'histoire naturelle, de bronzes antiques et de beaux tableaux, parmi lesquels on remarque des marines de Joseph Vernet, et un très-beau Jean Steen, représentant Moïse foulant aux pieds la couronne de Pharaon. Tout concourt à faire de cette résidence d'été, une demeure vraiment princière. Aussi, a-t-elle dû être enviée par les rois et les princes, qui y ont plusieurs fois reçu une somptueuse hospitalité. Une très-belle chapelle dans le genre gothique, des écuries et des remises qu'ambitionnerait un sportsman, complètent cette villa, autour de laquelle M. le marquis Costa ne s'est pas seulement plu à répandre le luxe, mais encore d'innombrables bienfaits. Ici, c'est une école primaire pour les jeunes filles, là un hospice pour les pauvres malades, puis le pensionnat de la Motte-Servolex, dirigé par les frères des écoles chrétiennes, qui compte un très-grand nombre d'élèves.

Tel est le noble usage que fait de sa fortune ce grand seigneur, dont la maison est toujours ouverte à tout venant, riche ou pauvre. Aussi, ne doit-on pas s'étonner si son nom est béni dans toute la Savoie, dont il est une des gloires.

Tout en nous acheminant vers la cascade du Bout-du-Monde, qui n'est pas aussi éloignée de Chambéry que son nom pourrait le faire supposer, nous vous dirons quelques mots du mont Nivolet, dont la dent, chargée de neige une partie de l'année, apparaît alors blanche (ce n'est point une réclame, au moins), comme une osanore de Williams Roger. Selon une tradition populaire, on prétend que c'est sur cette montagne que s'est arrêtée l'arche de Noé, après le déluge, malgré son élévation de 1438 mètres au-dessus du niveau de la mer. Nous serions curieux de savoir ce que le mont Ararath pense de cette absurdité qui ressemble beaucoup à un canard. Quoi qu'il en soit, c'est un but de promenade pour bon nombre d'habitants de Chambéry qui vont, l'été, y faire une ascension pour y jouir, au lever du soleil, de la vue de Lyon, du Bugey, du Dauphiné, de la Bresse et même de la Bourgogne.

En côtoyant les rives torrentueuses de l'Aisse, on arrive bientôt vers sa jonction avec la Doria, où un Vivarais, nommé Claude Rosset, fonda, en 1740, la papeterie aujourd'hui très-importante dans laquelle on entre pour voir la cascade. Alors, un spectacle vraiment saisissant s'offre aux regards : Du haut des montagnes infranchissables de Chaffardon et de Nivolet, dont les pics séculaires se dressent brutalement à cent pas de vous, comme pour vous barrer à la fois l'horizon et le chemin, la Doria se précipite avec un fracas épouvantable dans l'abîme qu'elle s'est creusé. En présence de ce terrible interlocuteur, dont la voix mugissante couvre toute voix humaine, la conversation cesse pour faire place au silence inspiré par la vue de ce sombre amphithéâtre, où se joue depuis des siècles, sans relâche ni indispositions possibles, ce grand drame de la nature.

Cette cascade n'est pas la seule qui orne les environs de Chambéry, car on peut encore aller voir par la route de Lyon, indépendamment des cascades de Jacob, d'où l'œil embrasse, au milieu d'une charmante vallée, le village de Cognin et une foule de points de vue agrestes ou sauvages dont nos modernes Ruysdaël feront leur profit, la cascade de Couz, trop vantée, à notre avis, par J.-J. Rousseau. Elle est située sur la route même de Lyon, à une heure et quart de Chambéry, et se jette dans l'Yère, qui fait mouvoir une foule d'usines.

Des prismes de rochers suspendus sur vos têtes, la précèdent de quelques pas. A mesure qu'on approche, l'aspect sous lequel on la voyait d'abord, se modifie; les zigzags qu'elle décrivait dans la partie supérieure, disparaissent bientôt, lorsqu'on est en face ; ses flots tombent en flocons d'écume irisée, assez semblables par un effet du soleil, aux fusées romaines, lorsqu'elles éclatent dans les airs, en gerbes lumineuses.

Pour peu qu'on fasse une excursion sur la route de Montmélian, ancienne petite ville renommée par ses bons vins et son ancien fort, on ne peut se dispenser d'entrer dans le pittoresque château de Challes ; on s'y arrêterait, ne fût-ce que pour y goûter, par simple curiosité, quelques gouttes de cette eau sulfureuse de Challes, dont les vertus énergiques sont vivement appréciées aujourd'hui.

Une catastrophe épouvantable, arrivée dans la fatale nuit du 25 novembre 1248, a produit les abîmes de Myans. Une partie de la montagne de Grenier, qui n'a pas moins de 1,900 mètres au-dessus du niveau de la mer, se détacha et ensevelit dans son éboulement une petite ville de 2,000 âmes, appelée Saint-André. Cinq paroisses voisines subirent le même sort ; il n'y eut d'épargné qu'une chapelle qui a ainsi acquis dans toute la contrée une grande réputation de dévotion. A voir aujourd'hui les collines de Myans couvertes de vignes et entrecoupées de petits étangs, on serait loin de se douter de leur lugubre origine.

Une visite aux tours de l'ancien château féodal de

Chignin, qu'on aperçoit à gauche, sur une éminence, près du petit village de Saint-Jeoire, pourrait bien clore les promenades de ce côté de Chambéry, mais nous croyons devoir signaler à l'attention du touriste, quoique assez éloignées, les ruines des châteaux de Montmayeur et de Miolans, célèbres par leurs souvenirs historiques.

Voici le drame judiciaire qui se rattache au château de Montmayeur, dont on voit les deux vieilles tours sur le mont Raillant :

Jacques Montmayeur, dernier seigneur de ce nom, alors grand-maréchal de Savoie et chevalier de l'ordre du Collier, attribuant à Guigues de Feisigny, premier président du Conseil suprême de Savoie, la perte d'un procès important, attira ce dernier dans son château d'Apremont, où il le fit arrêter au mois de janvier 1465.

Le duc Amédée IX fit en vain réclamer à Montmayeur le trop confiant président, qui, condamné à mort par des juges vendus, eut la tête tranchée au mois de février suivant, dans la cour même du château d'Apremont. Montmayeur qui, après cette horrible vengeance, avait pris la fuite, fut, après maints incidents de procédure, condamné définitivement, le 23 juin 1486, par le Conseil suprême de justice, à la confiscation de tous ses biens et, en outre, à une amende de 500 écus d'or. Depuis lors, on ne revit plus Montmayeur, dont les biens furent transmis, en 1489, à la noble maison de Miolans.

Le château de Miolans, dont les ruines s'élèvent sur la montagne de Fréterive, non loin de Saint-Pierre-d'Albigny, fut témoin d'une triste captivité dont la victime excita l'intérêt populaire. Le comte de Stertillan, auquel le roi Charles-Emmanuel III avait eu le malheur de confier le ministère des finances, eut la coupable pensée de vouloir augmenter faussement les ressources de son département. Il s'adressa à un jeune homme nommé Lavin, employé à son secrétariat, qui, à ses nombreux talents, joignait celui de contrefaire, à s'y méprendre, toute espèce d'écritures et de signatures. Lavin refusa d'abord ; mais, persuadé adroitement par le comte que le roi consentait à cette falsification, il fabriqua sans crainte de faux billets d'Etat.

La fraude fut bientôt découverte, et Lavin n'eut que le temps de s'enfuir à Paris, d'où le roi, ayant obtenu son extradition, le fit enfermer à Miolans, en 1762. Il avait alors vingt-cinq ans ; ses malheurs, ses talents, intéressèrent en sa faveur ; mais tout ce qu'on put obtenir, ce fut, après vingt-deux ans de captivité, de le faire transférer à Cève, où il mourut deux ans après.

Le comte de Stertillan, le perfide instigateur du crime, fut aussi enfermé, dit-on, dans un autre château fort.

Les seigneurs de Miolans étaient non moins violents que ceux de la maison de Montmayeur, dont ils étaient parents. Qu'il nous suffise de citer pour exemple Aimon II de Miolans, évêque de Maurienne, que ses ouailles exaspérées chassèrent à deux reprises de son palais, après avoir brûlé l'église Saint-Jean.

LA GRANDE-CHARTREUSE.

> Ici viennent mourir les derniers bruits du monde,
> Nautonniers sans étoile, abordez, c'est le port,
> Ici l'âme se plonge en une paix profonde,
> Et cette paix n'est pas la mort.
>
> LAMARTINE. (*Méditations*.)

La Grande-Chartreuse est un but d'excursion non moins indispensable que la promenade à Hautecombe ; aussi est-elle devenue classique. Deux jours suffisent pour l'aller et le retour, et Dieu sait si ces deux jours sont bien employés.

Après avoir dépassé Chambéry et Saint-Thibault, on arrive par un chemin merveilleusement accidenté au passage des Echelles long de 308 mètres, que Napoléon fit tailler dans le roc, pour rendre plus faciles les communications entre la France et la Savoie. Ce beau travail, dont l'inauguration eut lieu en présence de la reine Hortense, tout remarquable qu'il soit, a perdu quelque peu de son prestige, lorsqu'on le compare aux tunnels percés récemment pour les chemins de fer.

A l'entrée de cette grotte, on remarque l'ouverture de l'ancienne caverne par laquelle on traversait jadis la montagne avec beaucoup de peine, car on était obligé de grimper et de redescendre à l'aide d'échelles, un mamelon intérieur de près de cent pieds, pour arriver au bourg situé au-dessous dans la vallée, et qui a tiré son nom de ces échelles.

La nécessité d'une voie plus commode s'était fait sentir depuis longtemps. En 1670, Charles-Emmanuel II avait déjà fait établir une route à côté de cette caverne, ainsi que l'atteste une inscription latine placée sur le monument élevé en mémoire de cette utile entreprise; mais cette route a été délaissée, on le conçoit, depuis le percement de la galerie pratiquée par Napoléon, qui ne fut définitivement achevée qu'en 1824, par les soins du roi Victor-Emmanuel.

C'est dans ce défilé, nouveau passage des Thermopyles, que 80 soldats français, n'écoutant que leur courage, s'immortalisèrent en 1814, en barrant le chemin à l'armée autrichienne qui, grâce à leur héroïque résistance, fut forcée de passer par-dessus la montagne.

Des Echelles par où l'on rentre en France, les voitures vous conduisent encore jusqu'à Saint-Laurent-du-Pont, où les guides et les mulets leur succèdent.

On chemine d'abord facilement par une route, dont l'aspect riant s'assombrit complétement après trois quarts d'heure de marche, lorsqu'on arrive à Fourvoierie. Là une ouverture cintrée, pratiquée entre des rochers à pics et le Guiers-Mort, dont les flots impatients animent une foule d'usines, vous introduit dans l'entrée du désert. Après s'être égaré pendant une heure, au milieu des rochers et des forêts de mélèzes et de gigantesques sapins qui s'élancent dans l'air comme de verdoyants obélisques, la route qui, jusque-là, a cotoyé la rive gauche du Guiers-Mort, passe par le pont Pérant sur la rive droite. Alors l'intérêt va *crescendo*; on passe sous la seconde porte du désert, d'où l'on aperçoit les ruines du château de l'Oreillette, construit, dit-on, pour s'opposer aux excursions du fameux Mandrin. Bientôt on atteint une plate-forme ornée d'une croix d'où l'œil plonge sur les bâtiments de la Courrerie, dépendance de la Grande-Chartreuse, dont on ne tarde pas à apercevoir à travers une clairière, la sombre silhouette.

Il est difficile de se figurer, à moins de l'avoir vu, le lugubre aspect de ces immenses bâtiments aux lignes sévères, aux teintes mélancoliques dramatiquement encadrées, comme un paysage de Salvator, dans l'éternel rempart de ses rochers et de ses arbres séculaires déchirés par la foudre, dont le mugissement des torrents ou le cri rauque des aigles viennent seuls troubler la triste harmonie. Si reculée qu'elle soit des vaines passions du monde, cette célèbre retraite, fondée par saint Bruno en 1084, déjà soumise aux inclémences du climat, n'en a pas moins été souvent en butte à de nombreuses vicissitudes et aux fureurs des partis.

Ainsi, en 1133, le monastère, bâti primitivement au pied du Grand-Pont, au point extrême du défilé, fut renversé par une avalanche. Une chapelle consacrée à la vierge Marie échappa seule à cette catastrophe. L'édifice, rebâti depuis sur l'emplacement même occupé par les bâtiments actuels, devint huit fois la proie des flammes. Pour comble de malheur, les huguenots le pillèrent, puis y mirent aussi le feu en 1582. Enfin, après le dernier incendie, Dom Innocent Lemasson, alors général de l'Ordre, le fit reconstruire en 1676, tel qu'on le voit aujourd'hui.

Les Chartreux, dispersés lors de la Révolution de 93, ne purent rentrer qu'en 1816 dans leur ancienne demeure ; mais on en avait détaché les riches dépendances au profit de l'Etat.

L'ensemble de l'édifice consiste en deux corps principaux de bâtiments symétriques et clos de murs. Le plus grand contient les salles où couchent les voyageurs, la pharmacie, la bibliothèque la chapelle, le logement du supérieur général, et au milieu de l'église.

On remarque dans la salle capitulaire une série de tableaux représentant les principaux événements de la vie de saint Bruno, et les portraits des généraux de l'Ordre, depuis sa fondation.

Les religieux ont la tête rasée, et sont tous vêtus d'une robe de laine blanche, à capuchon, qu'une corde retient à la taille. Ils mangent ordinairement seuls, excepté le dimanche et les jours de grande fête.

C'est dans cette solitude, entre les travaux du corps et de l'esprit, que des hommes, dont plusieurs ont connu les jouissances et les plaisirs du luxe, viennent passer leur vie dans le silence, jeunant la plus grande partie de l'année, se privant d'aliments gras, et couchant sur la paille. Mais tels sont, sur ces cœurs remplis de ferveur, l'empire de la religion et l'ardeur de la foi, qu'ils trouvent sous ces froides voûtes, dans cette discipline si rigoureuse, un charme consolateur. Qu'ils sont beaux ces pieux cénobites, lorsque après s'être prosternés au pied de l'autel, ils viennent au milieu de la nuit, implorer le Seigneur ! Qui pourrait redire l'effet que produit dans l'église, à peine éclairée par de rares flambeaux, l'hymne sainte chantée à l'unisson par ces voix mâles, en magnifique choral, dont les accents, montant vers l'Eternel, remuent cent fois plus le cœur, dans leur énergie primitive, que les mélodies prétentieuses de tous nos maîtres de chapelle.

L'entrée de cette Thébaïde, par cela même qu'elle est interdite aux femmes obligées de rester dans le bâtiment extérieur de l'infirmerie, converti pour leur usage en hôtel, excite d'autant plus vivement leur envie d'y pénétrer. La nature si excentrique qui les entoure, la curieuse chapelle de Saint-Bruno qui domine la Chartreuse, les moelleux gazons, les fraises et les fleurs parfumées qui s'épanouissent dans ce coin du Grésivaudan, ne leur suffisent pas. Pour goûter à ce fruit défendu, il n'est sorte de ruses et de supercheries qu'elles n'emploient, mais c'est en vain. Nous connaissons une de nos plus jolies actrices parisiennes, qui, malgré son talent pour se grimer et se déguiser, en a été quitte pour ses frais d'imaginative. Cette mésaventure, qui a eu quelque retentissement, arrêtera-t-elle les femmes du monde ; il ne faut pas s'y fier : il y a parmi elles de si grandes comédiennes !

ANNECY. — CHAMOUNY. — EVIAN.

La plus longue, mais aussi la plus belle excursion que l'on puisse faire pendant la saison des bains, est, sans contredit, celle de Chamouny, en passant par Annecy, Bonneville, Cluse et Sallanches, et en revenant par Martigny, Evian, Lausanne et Genève. Cette course, qui offre une série d'admirables contrastes de beautés sans pareilles, peut s'accomplir facilement dans une période de six à huit jours, au plus. L'indiquer est donc un bon conseil dont nous sauront certainement gré les touristes qui voudront le suivre.

Bien que la ville d'Annecy ne soit, par sa population et son importance, que la seconde de la Savoie, elle en est certainement la première, grâce à la charmante position dont elle s'est emparée aux bords de son joli lac abrité par de hautes montagnes, aux alentours duquel de riantes villas s'épanouissent sous son beau ciel bleu comme celui d'Italie.

Annecy, dont l'origine se perd dans la nuit des temps

mythologiques, atteignit son plus haut degré de splendeur sous la domination des Romains qui en avaient fait une de leurs stations militaires ; puis il devint, après bien des secousses, la résidence des comtes de Genève. L'ancien château fort, dont on voit encore les tours dans l'intérieur de la ville, est leur œuvre ; il devint plus tard la demeure des ducs de Nemours.

Ces titres ne sont pas les seuls qui recommandent Annecy à l'attention du voyageur ; car cette ville, dans laquelle Mme de Warens accueillit J.-J. Rousseau, est la patrie de saint François de Sales, évêque d'Annecy, ce modèle de charité et d'humilité chrétiennes qui, pour rester fidèle à son pauvre troupeau, refusa le chapeau de cardinal que lui offrit le pape Léon II. On peut voir, dans l'église de la Visitation, les reliques du saint évêque et celles de sainte de Chantal, enfermées dans des châsses de vermeil. Chaque année, les fidèles accourent en foule, pour se prosterner devant ces restes vénérés, le jour de la fête de saint François de Sales.

Une autre illustration du même genre a aussi pris naissance en 933, dans le château de Menthon, à deux lieues d'Annecy, sur les bords du lac ; nous voulons parler de saint Bernard de Menthon, issu d'une des plus nobles familles de la Savoie, que sa vocation entraîna vers l'état monastique, malgré l'autorité paternelle. Ce fervent apôtre de dévouement convertit au christianisme les populations à demi sauvages qui habitaient, à cette époque, les régions élevées des Alpes, où il fonda les hospices devenus depuis si célèbres, sous les noms du grand et du petit Saint-Bernard.

C'est aussi près d'Annecy, à Talloire, que naquit en 1756, le fameux chimiste Berthollet dont une statue en bronze a été placée sur la promenade. Avant de quitter la ville, les amateurs de chevaux visiteront certainement le magnifique haras qu'on y a établi depuis quelques années.

Le pont suspendu de la Caille, jeté par Charles-Albert, sur la route de Chambéry à Genève, entre deux montagnes, avec une hardiesse digne des ponts de Fribourg et de Saint-Claude, est situé non loin d'Annecy.

De Bonneville, capitale du Faucigny, où l'on remarque une statue du roi Charles-Félix, érigée en honneur des travaux qu'il fit pour contenir la torrentueuse rivière de l'Arve qui descend de Chamouny, on arrive bientôt à Cluses.

Si jusqu'à présent, nous n'avons pas parlé de la physionomie accidentée de la route déjà parcourue depuis Aix, non plus que du Mont-Blanc, qui s'offre à la vue, pour la première fois, du sommet de la montagne qui précède le village de la Roche, où les chars-à-bancs de côté remplacent les messageries; c'est que ce n'est réellement que de Cluses que commence l'incroyable paysage qui conduit à Chamouny.

Traversé par la rivière de l'Arve, étranglé par deux montagnes qui lui servent de fortifications naturelles, Cluses est la clef qui peut ouvrir ou fermer, à son gré, l'entrée de cette étrange vallée qui, à Maglans, grâce à ses fins gazons, à ses délicieux bosquets entrecoupés de ruisseaux, ressemble à une pastorale de Gessner, mais qui de Sallanches élégamment ressuscité, prend un caractère plus sérieux. C'est de cette petite ville, séparée du village de Saint-Martin, par une courte promenade, que l'on admire avec quelques détails, une partie de la chaîne du Mont-Blanc, dont les dômes gigantesques se dressent à l'horizon.

Au lieu de continuer directement la route que côtoie le cours impétueux de l'Arve, on peut, en faisant un léger coude, visiter les bains de Saint-Gervais, situés au fond d'un entonnoir hérissé d'arbres.

Derrière l'établissement, au milieu de rochers encadrés de sapins, jaillit, à grand fracas, la cascade de Saint-Gervais qui rappelle, en petit, la belle cascade du Giesbach, dans l'Oberland bernois.

Avant d'arriver à Servoz où l'on ne rencontre pas sans étonnement un cabinet d'histoire naturelle, on traverse le village de Chède. Il existait naguère, près de là, un petit lac dans lequel une montagne, sa voisine, eut, en 1837, la singulière fantaisie de faire un plongeon. Malheureusement, le contenant ayant été absorbé par le contenu, le lac se trouva métamorphosé en une plaine parsemée de blocs de granit.

Enfin, on arrive dans la vallée de Chamouny, proprement dite, au milieu de laquelle bondit, mugissante comme une bête fauve en folie, l'Arve grossie par l'Arveyron. Au milieu de cette région excentrique, apparaît, enseveli dans des barrières insurmontables de rochers et de glaces éternelles, le petit village de Chamouny, mollement couché sur son étroit lit de verdure. Ce n'est plus une illusion, un mirage, cette fois, car toutes ces merveilles tant rêvées se dressent devant vous dans toute leur splendide magnificence !

Voici à gauche le Mont-Bréven, la croix de la Flégère et les Aiguilles-Rouges ; et à droite, le roi des montagnes, le Mont-Blanc, puis le glacier des Bossons, le Montanvert, l'Aiguille-du-Dru et l'Aiguille-Verte.

Le panorama de Chamouny est une de ces réputations vieilles comme le monde, qui n'a pas besoin des Saxhornes de la publicité pour se maintenir. Le Mont-Blanc ne vaut-il pas, à lui seul, tous les clichés les plus prétentieux de la réclame ! Il ne faut donc pas s'étonner si, du mois de juin au mois de septembre, Chamouny est transformé en un caravansérail où, de tous les points du globe, des milliers d'étrangers viennent séjourner dans d'excellents hôtels. Nous ne voulons pas d'autre preuve de cette confortable qualité, que cette foule d'Anglais qui viennent y faire chaque année un libre échange d'excentricités, de politesses et de tranches de chamois avec les Français, les Italiens, les Turcs et même les Américains, qui semblent s'y être donné rendez-vous.

A tout seigneur tout honneur : parlons d'abord du Mont-Blanc. Chose singulière, l'ascension de ce géant qui devrait passionner le plus est celle que l'on tente cependant le moins souvent. Cette anomalie paraîtra moins étrange, lorsqu'on saura que, pour entreprendre ce périlleux voyage, il faut le concours de trois éléments indispensables : du courage d'abord, puis de l'argent et surtout un temps favorable ; c'est ce troisième élément de succès qui est le plus difficile à saisir au passage. Ne soyez donc pas trop surpris s'il y a tant d'appelés et si peu d'élus, car, malgré le bel exemple donné d'abord, en 1786, par le chasseur Jacques Balmat et le docteur Paccard, de la vallée de Chamouny, qui eurent la gloire de fouler aux pieds la couronne virginale du Mont-Blanc, puis, en 1787, par le savant M. de Saussure, le nombre des ascensions, nous ne dirons pas essayées, mais réussies, n'est pas encore très-considérable : c'est à peine s'il s'élève à quarante.

Deux des plus remarquables sont, sans contredit, celles accomplies par deux femmes de condition bien différentes, mais douées d'un égal courage ; nous voulons parler d'une simple servante d'auberge, Maria Paradis, et de la noble Mlle d'Angeville.

Mais aussi pour ces rares illustrations, qui ont reçu comme un titre de gloire leur brevet des mains du syndic de Chamouny, que de tentatives avortées ! que de déboires ! que de désillusions ! Combien de modernes Titans, parvenus aux *Grands-Mulets*, ont été renversés par un souffle dédaigneux du Roi Géant.

Il résulte de ces difficultés, que l'ascension du Mont-Blanc est tout à fait exceptionnelle, et que la plupart des touristes se contentent d'aller d'abord au Montanvert, à la Mer-de-Glace, puis au Jardin, sauf à visiter le lendemain la cascade des Pèlerins, les Bossons et la Flégère.

Avec son verdoyant piédestal, on dirait que le Montanvert semble opposer une digue aux envahissements des glaciers et des avalanches, car ses sapins, placés en védettes sur le flanc de la montagne, semblent leur crier : Halte-là ! Qui sait si ce n'est pas dans une intention toute stratégique qu'on a établi pour arriver au Pavillon, ce singulier sentier, aux détours mille fois plus compliqués que ceux décrits par le fil d'Ariane ? En tout cas, si quelqu'un songe à s'en plaindre, ce ne sera, certes pas, l'heureux promeneur tranquillement bercé par l'allure monotone de son mulet, sur lequel il chemine à l'ombre des mélèzes et des sapins. Il aurait mille fois tort, l'ingrat, car chaque zigzag l'initie, en montant, à de nouvelles beautés ; il peut même se désaltérer à la fontaine du Caillet, à jamais illustrée par Florian, où de nouvelles Claudines à la figure naïve lui offrent gracieusement du miel, du lait et des bouquets de roses des Alpes, moins éclatantes encore que leur teint.

Bientôt le bruit de la chute de l'Arveyron, qui tombe dans la vallée au pied même de la Mer-de-Glace, pour se perdre dans l'Arve, les Aiguilles du Dru et de Charmoz annoncent qu'on arrive à la pelouse de gazon sur laquelle a été édifié, en 1795, le pavillon octogone du Montanvert, d'où l'œil domine la Mer-de-Glace.

Le Français, M. Félix Desportes, qui a eu l'heureuse idée de le faire bâtir, était certainement un homme d'esprit. Grâce à lui, les voyageurs qui vont naviguer sur cette mer immobile, avec un bâton ferré en guise de rames, y trouvent l'hospitalité assaisonnée d'excellents vins et de liqueurs de tout genre. En attendant que le déjeuner soit servi, les uns font un choix d'échantillons minéralogiques, de bagues et de croix en agate, en cristal de roche ou en cornaline, ou de mille autres petites futilités en bois sculpté, qu'on retrouve dans tous les châlets suisses de l'Oberland. D'autres, beaux esprits ou loustics de table d'hôte, pour la plupart, se creusent la tête, pour inscrire sur un registre *ad hoc*, avec leurs noms, quelque pensée bien béotienne qu'ils méditent depuis Chamouny, et qu'ils décorent pompeusement d'improvisation. Si encore ces Pradels de contrebande étaient amusants! Mais, hélas!...

De temps en temps, le repas est interrompu par un coup de fusil tiré sur quelque chamois, ou bien par le bruit d'une avalanche se détachant des montagnes avec le fracas sec et rapide du tonnerre grondant sur la nue.

Après maintes libations toniques que l'état de l'atmosphère rend indispensables, on se hasarde, enfin, à descendre par un petit sentier, dans la Mer-de-Glace. Il est, à notre avis, peu de spectacles d'une tristesse plus grandiose et plus navrante que cet Océan aux vagues d'un blanc mat, aux teintes jaunes ou grises, que la main de Dieu semble avoir frappé d'immobilité, comme la femme de Loth dans un moment de juste colère. Là, tout se tait, tout est mort sur une surface déserte de dix-huit lieues. Une fois engagé sur ces glaciers éternels, un délire sauvage s'empare de vous ; malgré les difficultés du chemin, vous avancez avec un âpre plaisir dans ces régions fabuleuses, tantôt vous cramponnant au sommet de la vague, tantôt glissant dans l'abîme qu'un divin caprice a creusé à côté d'elle. C'est un voyage à nul autre pareil, un assaut fantastique que votre corps livre à votre imagination, et dans lequel celle-ci est toujours vaincue; car il n'est pas d'esprit, si excentrique qu'il soit, qui puisse rêver les combinaisons étranges de ce kaléidoscope. Aussi ne faut-il pas s'étonner si, malgré les fatigues et les périls du chemin, on s'acharne à explorer cette région hyperboréenne, à laquelle il ne manque, pour ressembler au Spitzberg, que quelques ours blancs, se dandinant sur un promontoire glacé.

Mais, quelquefois, les forces trahissent le courage ; tel qui était parti pour le Jardin, qui est encore à cinq heures de marche du Pavillon, s'arrête, fatigué au château de Montanvert, grand bloc de granit, sur l'une des faces duquel on lisait naguère encore cette inscription, gravée en lettres rouges : *Pocock et Windham* 1741. Ces simples mots, qui avaient le mérite de rappeler la première excursion faite par des étrangers dans la vallée de Chamouny, avait été détruite, en 1848, par des voyageurs malintentionnés ; mais elle a été rétablie, depuis, à la grande joie des touristes et surtout des Anglais.

Le voyage de ce point au *Jardin*, plate-forme triangulaire, recouverte de verdure, située près du Talèfre, est une série d'accidents topographiques beaucoup trop capricieux et trop glissants, pour ne pas offrir quelque danger. C'est pourquoi, malgré tout le charme de cette émeraude montée sur diamants, à plus de mille toises au-dessus du niveau de la mer, on va peu la visiter. C'est une des promenades extraordinaires de Chamouny.

Celles qui le sont beaucoup moins, et par d'excellentes raisons, sont la cascade des Pèlerins et le glacier des Bossons.

Cette cascade, qui se trouve à peu près à égale distance de Chamouny et des Bossons, est certainement une des plus originales que l'on puisse voir, non-seulement en Savoie, mais en Suisse. L'eau du torrent, en s'échappant par un étroit chenal qu'elle s'est creusé elle-même, rencontre dans sa course un rocher en saillie qui, en faisant rejaillir la colonne d'eau, la force à retomber frémissante, après avoir décrit une courbe gracieuse dans son bassin de rocailles.

De là, on se rend en peu de temps, par une route à peine tracée à travers les bois et les torrents, au glacier des Bossons ; c'est le type des glaciers honnêtes, d'un abord facile, à la mine toujours heureuse et souriante, un véritable glacier d'opéra comique enfin. Qu'il est beau, surtout, lorsque, par une limpide journée de juillet, il semble réchauffer, sous les rayons brûlants du soleil, ses obélisques et ses prismes d'azur, se dressant sur son lit plus blanc que l'albâtre ! Alors, cet amas confus de cônes et de pyramides semble s'animer ; cette région fantastique devient un palais de fée où tout vit, tout se meut ; la neige se fond, l'eau forme mille petits ruisseaux qui s'écoulent par d'innombrables entonnoirs. Les arêtes bleues des glaciers, victimes des caprices de la lumière, revêtent les couleurs les plus variées de l'arc-en-ciel, et étincellent au soleil comme des colonnes de cristal aux mille facettes.

Si après ces merveilles de premier plan vous voulez en admirer d'autres un peu plus éloignées, il faut monter, croyez-nous, à la croix de la Flégère. On y trouve, comme à presque tous les points un peu fréquentés par les touristes, une espèce d'hôtellerie amplement fournie de provisions de tout genre ; mais ce qu'on y trouve uniquement, c'est le magnifique panorama de la vallée de Chamouny et surtout du Mont-Blanc.

En face, on plonge sur la mer de glace, près de laquelle se dressent l'Aiguille-du-Dru et l'Aiguille-Verte s'élançant audacieusement, avec celles du Moine, du Grépon et une myriade d'autres, vers le ciel, comme des flèches dentelées. A gauche, on aperçoit le sommet du col de Balme, les glaciers et les villages de la Tour et d'Argentière; puis, après, en appuyant à droite, c'est Chamouny, le glacier des Bossons, l'Aiguille-du-Midi, le Mont-Maudit, et enfin le Mont-Blanc dont la cime est éternellement couverte de neige.

Voir de cet endroit le soleil levant teindre successivement d'une nuance pourprée les croupes neigeuses de ce géant, et celles des montagnes groupées autour de lui comme de fidèles satellites, puis briller sur les blocs étincelants des glaciers, entendre le bruit des avalanches, les pleurs des cascades et les plaintes mystérieuses des forêts agitées par la brise matinale, planer sur la vallée encore endormie dans les ombres de la nuit : c'est là un de ces spectacles uniques imaginables devant lesquels le cœur le plus froid laisse échapper un cri d'enthousiasme.

Pour juger de son effet colossal, qu'il nous suffise de dire que le sommet du Mont-Blanc est à 14,724 pieds au-dessus du niveau de la mer, le Dôme-du-Goûté, son voisin, à 14,370 pieds, tandis que la pointe de l'Aiguille-Verte est à 12,563 pieds et celle du Dru à 10,736.

Les guides de Chamouny, qui par une loi particulière

ont le privilége d'exercer dans la vallée de l'Arve depuis Sallanches jusqu'au col du Bonhomme, rivalisent avec leurs confrères d'Aix, en politesse, en dévouement et surtout en discrétion. On ne dira plus désormais muet comme la tombe, mais bien muet comme un guide. Les entrepreneurs de mémoires plus ou moins authentiques à tant la feuille, devraient publier les mémoires d'un guide, ils auraient certainement le mérite d'être complétement inédits.

Pour aller de la vallée de Chamouny à Martigny, deux chemins se présentent, l'un par le col de Balme, et l'autre par le chemin de la Tête-Noire. Nous conseillons aux personnes qui n'auront pas fait l'ascension de la Flégère de passer par le col de Balme, d'où elles jouiront du beau coup d'œil de la vallée dans toute sa longueur ; mais les autres devront prendre de préférence le chemin de la Tête-Noire. On se rend par cette dernière voie à Martigny en huit grandes heures.

Après avoir côtoyé la base des Aiguilles-Rouges, et dépassé le bourg d'Argentière, on arrive à Valorsine le dernier des villages de la Savoie avant d'entrer dans le Valais. C'est à un quart d'heure seulement de Valorsine que se trouve Barberine, petit hameau célèbre par sa cascade, l'une des plus impétueuses et des plus sauvages de la Savoie.

Bientôt on entre en Suisse par une porte d'ancienne apparence, élevée sur la route même. Le paysage borné par deux montagnes se resserre de plus en plus; voyageurs et mulets n'avancent qu'avec crainte. Il y a surtout un moment vraiment épouvantable, c'est celui où, à l'endroit nommé Maupas, le chemin est impitoyablement étranglé entre le torrent qui mugit à une profondeur effrayante et la montagne dont les pans de rochers perpendiculaires semblent menacer vos têtes. Alors on ne pose plus qu'en frémissant le pied sur des sapins renversés par les avalanches, et qui forment le fond mouvant de ce sentier que l'on sent vaciller sous ses pas ; au milieu de ces horreurs que l'on croirait l'œuvre d'un mauvais génie, l'âme est douloureusement oppressée, l'air et le ciel manquent. Il faut marcher longtemps encore en proie à ce cauchemar, que l'écartement des montagnes fait momentanément disparaître, pour recommencer à l'instant où la route taillée en spirale traverse la galerie pratiquée dans un rocher en saillie sur le torrent de l'*Eau noire* qui bondit à plus de mille pieds de profondeur. Enfin on arrive, au bout de cet horrible défilé, dans la vallée de Trient où l'horizon s'agrandit raisonnablement.

Au sortir du village de Trient on gravit un singulier chemin en tourniquet pour arriver au col de la

Forclaz. Ce voyage en zigzag, malgré un soleil brûlant, ne nous parut ni long ni fatigant, et si nous faillîmes être pris de vertige, la cause en était bien moins dans les accidents du terrain que dans les beaux yeux noirs d'une femme charmante qui nous avait galamment offert la queue de son mulet. En pareil lieu et avec de pareils yeux, c'est une politesse que nous n'aurions eu garde de refuser. Ainsi remorqué par le docile animal, témoin discret de ce singulier tête-à-tête, le col fut trop tôt franchi. Cependant notre mauvaise humeur disparut bientôt devant la belle plaine qui déroulait alors à nos yeux ses riches prairies parsemées de vignes, traversées par le Rhône et peuplées de villages au milieu desquels resplendissait, comme une reine au milieu de ses sujets, la ville de Sion, capitale du Valais.

Il ne nous fallut pas moins de quatre heures pour descendre à Martigny, où nous allâmes coucher à l'auberge de la *Grande-Maison*, célèbre par ses potages, qu'on peut sans médisance appeler indistinctement potages à la tortue, vu la lenteur avec laquelle on les sert.

C'est de Martigny que les voyageurs pour le Saint-Bernard s'y rendent, en une petite journée de huit à neuf heures de marche.

Pour nous qui allions à Evian, il fallut repartir le

matin pour Saint-Maurice, sur la route duquel on trouve à gauche, après une heure de marche, la jolie cascade de Pissevache dont la belle nappe d'eau irisée par les rayons du soleil tombait en poussière scintillante. Saint-Maurice, la dernière ville du Bas-Valais, est situé sur le Rhône, dans une position des plus pittoresques entre la Dent-du-Midi et celle de Morcles. Des rochers servent d'un côté de parement à la rue principale qui aboutit à son beau pont, sur lequel s'élève une tour carrée fortifiée.

Nous disons adieu pour un instant au canton du Valais, à ses glaciers et à ses crétins, pauvres goîtreux infectés par l'eau des neiges, pour entrer par Bex, célèbre par ses belles salines, dans le joyeux canton de Vaud, pays de jolies femmes et de bons vins, qui mire ses riants coteaux et ses somptueuses villas dans le lac Léman. Bientôt on retrouve le Valais, Villeneuve, où le Rhône se jette dans le lac, puis le Boveret et Saint-Gingolph, village moitié valaisan moitié savoyard, par lequel on rentre définitivement en Savoie.

Le chemin qu'on suit alors jusqu'à Evian côtoie continuellement le lac; c'est l'ancienne route d'Italie par le Simplon, créée par le gouvernement français pendant son occupation. Dans la première partie de son parcours, principalement jusqu'à la Meillerie, elle est taillée dans le roc, et montre les sites du lac dans leur aspect le plus sauvage et le plus romantique ; c'est un véritable pays de légendes et de ballades.

Tandis qu'à gauche on suit les mille détours des montagnes savoisiennes que la route enserre comme un ruban ; sur la rive opposée apparaissent les riches coteaux vaudois, le sombre château de Chillon, dans lequel fut enfermé, pendant plusieurs années, l'infortuné Bonnivard, chanté par Lord Byron, puis Montreux, Clarens, Vevey et autres villages couronnés par les Alpes vaudoises.

Plus on avance, plus l'aspect, de sauvage qu'il était, prend un caractère riant : on est alors en plein Châblais ; les pentes deviennent moins abruptes, les formes des montagnes s'arrondissent, et l'on trouve bientôt, au lieu des rochers et des mélancoliques sapins, de riches prairies accidentées, ombragées par ces magnifiques châtaigniers qui ne trouvent de rivaux que sous le beau ciel de Naples.

A voir ce luxe de végétation, cette heureuse physionomie de paysage, on pourrait se croire dans un des coins les plus fertiles de la Normandie ou de la Bourgogne. Mais cette illusion ne saurait durer longtemps, le clapotement des vagues poussant les galets sous vos pieds, la voile glissant sur le lac, les treilles des vignes étreignant avec amour, comme pour leur rendre la vie, les cadavres blanchis des vieux arbres, et surtout les nombreuses croix semées par les chemins, promettant aux pieux voyageurs les indulgences de monseigneur l'évêque d'Annecy, tout vous dit que cette belle contrée, dont Jules Dupré, Cabat ou Troyon seraient si heureux d'étudier les sites charmants, c'est le Chablais! Heureux pays dont les habitants, avec le calme philosophique du sage, regardent d'un air dédaigneux, mollement couchés sur le moelleux tapis de leurs gazons parfumés, les agitations politiques de leurs bruyants vis-à-vis les Vaudois!

Evian n'est pas seulement une jolie petite ville qui dresse en amphithéâtre, sur la rive gauche du lac, ses maisons, ses terrasses et ses jardins. C'est surtout le siége d'un établissement de bains rendu important par la vertu efficace de ses eaux minérales alcalines, connues depuis 1789, autant que par le nombre toujours croissant de visiteurs attirés par les plaisirs variés qu'on y trouve. La fontaine d'Amphion, située près d'Evian, est renommée par son eau ferrugineuse acidule, dont les rois de Sardaigne et leur famille vinrent plusieurs fois faire usage.

Une saison à Evian est bientôt passée, les promenades sur le lac et dans les environs, qui sont ravissants, les excursions à Lausanne, dont on aperçoit les tours des clochers, à Vevey qu'on irait visiter ne fût-ce que pour dîner à l'hôtel des Trois-Couronnes, hôtel vraiment princier, dans le jardin duquel on jouit du côté de Villeneuve de la plus belle vue du lac Léman, somptueusement encadré par les Dents d'Oche, du Midi et les hautes montagnes du Valais.

Si on se rend à Genève par la voie de terre depuis Evian, avant d'arriver à l'agréable petite ville de Thonon, capitale du Chablais, qui est précédée de l'étroit et interminable pont sur la Dranse, on trouve, à droite, l'ancienne chartreuse de Ripaille, qui s'élève au milieu de vigoureux massifs de verdure sur une pointe de terre lancée un peu aventureusement au milieu des eaux du lac. Cette superbe retraite, aujourd'hui convertie en ferme, fut fondée, sous le patronage de Saint-Maurice, par le duc de Savoie, Amédée VIII, devenu plus tard pape sous le nom de Félix V. A en croire les historiens sérieux, c'est bien à tort qu'on attribue aux nobles hôtes de ce séjour la vie épicurienne d'où est venu notre joyeux proverbe français : *Faire ripaille*, car le royal anachorète, dégoûté des plaisirs du monde, passait son temps avec les six chevaliers de l'ordre de Saint-Maurice, institué par lui, à s'occuper plutôt des affaires politiques et religieuses, que des jouissances sensuelles. C'est à ces pratiques pieuses qu'il dut d'être surnommé le *Salomon de son siècle*. Il y a loin de là à un jovial héros de Rabelais.

Une château digne aussi d'attention, c'est le Coudré, bâti non loin du lac. Il est entouré d'un parc planté de buis gigantesques dont plusieurs atteignent la hauteur des peupliers. C'est là une véritable curiosité de végétation, à laquelle l'odeur aromatique de ces arbres donne encore un nouvel attrait.

Genève est située dans une admirable position, au bout du lac : c'est une ville charmante autant par ses monuments, ses beaux quais peuplés de somptueux hôtels, que par les sites délicieux de ses environs. Le séjour de cette cité, si agréable en apparence, est médiocrement amusant pour l'étranger, qui est tout surpris de trouver dans ce froid berceau du calvinisme des formalités ennuyeuses, des exigences mesquines et des mœurs qui se ressentent de la raideur guindée des méthodistes et des bourgeois millionnaires qui y fourmillent.

Aussi n'y reste-t-on que le temps nécessaire pour visiter les principaux monuments, le Jardin des Plantes, la cathédrale et le musée Rath qui, avec la rue de la Corraterie et l'île de Jean-Jacques Rousseau, forment à peu près tout ce que la ville renferme d'intéressant. Il n'y a guère que les amateurs de truites, et les fanatiques de cigares plus ou moins espagnolisés, qui y prolongent leur séjour. Si pressé que l'on soit, on ne peut se dispenser cependant de visiter

GENÈVE. 133

Ferney, qui a changé tant de fois de maître depuis Voltaire, et le château de Coppet, appartenant aujourd'hui à M. le duc de Broglie, gendre de Mme de Staël, où reposent les cendres de Necker et de l'auteur de *Corinne*, son immortelle fille.

Après cette excursion on rentre en Savoie, heureux d'y retrouver l'accueil affable et l'air avenant de ces braves et excellents habitants qui, dans leur bon sens montagnard, préfèrent à la stérile vanité des devises menteuses, le régime doux et sincèrement libéral, dont leur jeune et valeureux roi Victor-Emmanuel est et sera toujours le fidèle et énergique défenseur.

Cette tâche lui sera rendue d'autant plus facile, qu'il peut compter, pour le seconder dans ses patriotiques efforts, sur le loyal concours de son digne frère, le duc de Gênes, dont la science égale le courage.

Ici finit notre tâche, bien que nous soyons loin d'avoir épuisé l'interminable série des beautés pittoresques de ce pays. Un in-folio ne suffirait pas à décrire les sites si variés des vallées de Tarentaise, de Beaufort, du Giffre dans le Faucigny, le singulier défilé de Saint-Saturnin, l'abbaye de Talloires, les mines de lignite de Sonnaz et d'Entrevernes, les salines de

Moutiers, le beau pont de la Caille, celui de Rumilly, et cette myriade de curiosités qui pullulent en Savoie.

Puisse cette rapide esquisse procurer à ceux qui la liront autant de plaisir que nous en avons eu à la tracer, c'est là toute notre ambition !

www.ingramcontent.com/pod-product-compliance
Lightning Source LLC
Chambersburg PA
CBHW060141100426
42744CB00007B/858